취업의 추월차선

취업의 추월차선

하마터면 지나칠 뻔했다 **연봉 1억 일자리**

ⓒ 이승재, 2021

초판 1쇄 발행 2021년 3월 24일

지은이   이승재
펴낸이   이기봉
편집   좋은땅 편집팀
펴낸곳   도서출판 좋은땅
주소   서울 마포구 성지길 25 보광빌딩 2층
전화   02)374-8616~7
팩스   02)374-8614
이메일   gworldbook@naver.com
홈페이지   www.g-world.co.kr

ISBN   979-11-6649-461-1 (03320)

취업의 추월차선

하마터면 지나칠 뻔했다 연봉 1억 일자리

이승재 지음

볼보 타고 출퇴근하는 신입사원
취업 3년 만에 럭셔리 아파트 구매한 민 대리
매니저에서 Start up 기업 CEO가 된 정 대표

좋은땅

추천사

아부다비에서부터 두바이, 라스 알카이마까지 다양한 직종의 회사를 방문하고 청년들의 취업 및 이직 고민을 시원하게 해결해 준 작가님의 모습이 아직도 눈에 선합니다. 이 책을 통해 뛰어난 실력을 갖췄지만 그만큼 인정받기 힘든 한국 사회에 지친 구직자들이 다양한 기회가 있는 두바이에서 멋진 꿈을 펼치고 큰 꿈을 꿀 수 있는 도약의 발판이 되길 바랍니다.

〈유은○, 미국 뉴욕 Montefiore Medical Center〉

두바이에서 구직자를 위해 애써 주신 작가님의 현지에서의 경험이 생생히 담긴 책이라 느껴집니다. 실제 취업자들의 방대한 사례와 두바이에 대한 자세한 설명을 통해 향후 취업을 생각하는 분들에게 많은 도움이 되리라 생각됩니다.

〈박효○, 국내 복귀자/ 독일계 로봇 회사〉

고정관념을 깨고 두바이가 기회의 땅임을 잘 소개해 주는 책이라 생각하며 꿈을 이루고자 하는 분들에게 추천해 드리고 싶습니다.

〈정하○, Future Pipe Industries〉

해외취업이 험난해 보이겠지만 막상 도전해 보면 재미있고 가슴 뛰는 일입니다. 작가님에게 낯선 땅에서 많은 도움을 받았듯이 해외에서의 커리어를 고민하시는 분들에게 이 책이 큰 힘이 될 거라 확신합니다.

〈김태○, 삼성전자 두바이〉

두바이 취업 입문서! 약은 약사에게! 해외취업은 작가님에게! 해외취업에 관한 모든 것이 알차게 들어 있는 이 책이 취업을 준비하는 분들에게 한 줄기의 빛이 될 것입니다.

〈김우O, 중국 심천 Westin〉

빠르게 변화하는 해외취업 동향을 다양한 측면에서 해석하고 새로운 방향을 제시해 주는 지침서! 취업을 계획하고 있거나 새로운 기회를 찾고 있다면 이 책을 먼저 보시기 바랍니다.

〈김민O, Cleveland Clinic Abu Dhabi〉

두바이 취업부터 노무 상담, 경력 관리 등 많은 도움을 받았습니다. 그렇게 도움 받았던 취업에 관한 모든 정보가 이 책에 수록되어 있습니다. 한번 보시면 후회하지 않을 책입니다.

〈민소O, LG전자 두바이〉

두바이가 잘 알려지지 않아 쉽게 도전할 수 있는 곳은 아니지만, 이 책을 일독한다면 이곳이 얼마나 블루오션인지 알게 되실 것입니다.

〈조미O, 두바이 BVLGARI〉

실제 경험을 통해 구성된 귀한 정보가 담긴 이 책은 해외취업을 막연하게 생각하는 청년들에게 나침반과 같은 역할을 해 줄 것입니다.

〈이정O, 베트남 하노이 우리은행〉

두바이에서 첫 사회생활을 시작하여 아무것도 모를 때 작가님을 통해 중동문화, 이직 준비, 두바이 생활 팁 등 셀 수 없을 만큼 많은 노움을 받았습니다. 중동은 정보공유가 제한적이기 때문에 다양한 정보가 담긴 이 책을 보신다면 취업하는 데 많은 도움이 될 것입니다.

〈김다○, Emirates Airline〉

작가님이 두바이 일자리 및 글로벌기업에 대해 누구보다 잘 알고 있어서 이직하는 데 많은 도움을 받았습니다. 이 책에는 두바이 현지 환경과 취업 노하우 등 모든 사항이 잘 반영되어 있어 구직자들의 필독서가 되리라 생각합니다.

〈유지○, KTO 관광공사 두바이〉

해외취업 및 이직을 고민하며 누군가의 조언을 얻고 싶다면 더없이 추천해 주고 싶은 책입니다. 기회는 멀리 있는 것처럼 보이지만 사실은 가장 가까이 있는 것이 아닐까요? 이 책이 넓은 세상에서 여러분의 꿈에 한 걸음 더 다가가는 용기가 되기를 바랍니다.

〈주진○, 국내 복귀자/ 핀란드 외국계 기업〉

작가님을 통해 좋은 기회를 얻어 두바이 취업 문을 활짝 열게 되었습니다. 어려움에 봉착할 때마다 진심으로 지원해 주셨고 용기를 얻어 결국 계획했던 대로 이직에 성공하였습니다. 해외취업에 관심이 있으신가요? 주저하지 마시고 이 책을 펼쳐 보시기 바랍니다.

〈장민○, Fly Dubai〉

해외취업에 대한 목표를 갖고 있다면 이 책을 먼저 보시기 바랍니다. 무작정 두바이에 온 지 5년 차 직장인으로 조언 드리면 이 책은 여러분의 꿈을 이루어 줄 수 있는 강력한 무기가 될 것입니다.

〈염태○, Nawah Energy〉

두바이에 있는 동안 취업하고 정착하는 데 많은 도움을 받았습니다. 이 책은 해외 취업에 꼭 필요한 정보를 구체적으로 안내하고 있어 실질적인 가이드가 되어 줄 것입니다.

〈김민O, IBIGTECH 두바이〉

작가님을 통해 두바이 취업 및 생활에 관해 정말 많은 도움을 받았습니다. UAE 취업환경, 다양한 직군의 취업 사례, 추월차선 타는 방법 등 소중한 정보가 담긴 이 책을 먼저 일독한다면 훨씬 쉽게 취업에 다가서리라 생각합니다.

〈송원O, 미국 캘리포니아 Orange County 간호사〉

해외취업이 낯설기만 했는데 작가님의 아낌없는 지원을 통해 취업에 성공할 수 있었고 현지에서 적응하고 생활하는 데 많은 도움을 받았습니다. 또한, 지속적인 조언을 통해 몰디브, 인도네시아로 이직할 수 있었습니다. 해외취업을 하고 싶다면 이 책을 먼저 보시기 바랍니다. 이 책은 해외 진출의 디딤돌이 되리라 믿습니다.

〈양영O, 스위스 베른대학원〉

두바이 6년 차 취업자로서 이 책보다 더 두바이에 대해 잘 알려준 책은 없을 것입니다. 또한, 취업의 추월차선은 두바이를 가장 잘 표현한 단어가 아닐까 생각합니다. 두바이로 와서 취업의 추월차선을 타시기 바랍니다.

〈함영O, Emirates Airline〉

두바이에 있는 동안 다양한 취업 기회를 잡게 도와주셨습니다. 취업 후에도 휴가, 급여, 고민거리 등을 정기적으로 상담해 주셔서 든든했습니다. 해외취업을 희망하지만 막연한 두려움이 있다면 이 책을 먼저 읽어 보시기 바랍니다. 두려움이 희망으로 변화하는 모습을 보실 수 있을 것입니다.

〈이서○, 국내 복귀자, 이탈리아 외국계 기업〉

이 책은 두바이 취업을 위한 모든 내용을 담고 있습니다. 취업자 이야기뿐 아니라 평소 접해 보지 못한 두바이의 상황에 대해 현실감 있게 잘 그려내어 두바이를 막연히 알고 있는 구직자들에게 최고의 안내서가 되리라 여깁니다.

〈차미○, 영국 Kings College London〉

두바이, 싱가포르를 거쳐 베이징에 이르기까지 이직하는 동안 기업 정보 등 이직 관련하여 많은 도움을 받았습니다. 취업과 관련한 모든 노하우가 총 망라된 이 책은 여러분의 목표에 한 걸음 더 나아갈 수 있는 디딤돌이 되어 주리라 믿습니다.

〈이용○, 중국 베이징 Cheil World Wide〉

두바이는 한 번도 가 보지 못한 미지의 세계였지만, 작가님의 도움으로 두바이로 올 수 있었고 현지 생활 및 이직 시 많은 도움을 받았습니다. 무엇을 할지 몰라 망설이고 있으신가요? 이 책을 읽고 취업의 추월차선을 타시길 기원합니다.

〈김나○, 전 두바이 정부, Smart Dubai Gov.〉

Prologue

코로나 시대로 국내 일자리는 점점 더 줄어들고 청년층은 이제 N포 세대를 넘어 꿈포 세대(꿈도 포기하는 세대)가 되었다고 한다. 대학 다니면서 한눈팔지 않고 열심히 공부하여 학점 4.0을 넘기고 토익 고득점을 획득하며 각종 자격증을 취득했는데 취업은 더 어려워져만 간다. 이에 반해 일찍이 해외로 눈을 돌려 두바이에 진출한 청년들이 있다. 두바이로 취업하기 위해서는 높은 학점, 토익 성적표, 자격증 등이 크게 필요치 않다. 영어로 의사소통이 되고 관련 경험만 있으면, 한국에서 취업하거나 타국으로 진출하기보다 쉬운 편이다. 학점, 토익, 자격증까지 완벽하게 준비하지만, 취업까지 오래 걸리는 서행 차선과 영어로 의사소통할 수 있고 관련 경험 및 경력만으로 취업할 수 있는 추월 차선이 있다면 어디로 갈 것인가? 입사 3년 만에 럭셔리 아파트를 구매하고 매니저에서 스타트 기업 CEO가 될 수 있는 곳이라면 취업의 추월차선이 될 수 있지 않을까?

2015년 두바이에 파견 나가서, 글로벌 현지 기업을 방문하여 일자리를 발굴하는 업무를 했다. 구직자들을 연계해주는 해외취업 업무를 하다 보니 우리 청년들에게 두바이만큼 경력개발을 위해 좋은 곳은 없다는 생각을 하게 되었다. 한국에 복귀하면 두바이 취업 및 생활환경에 대해 적극적으로 알려야겠다고 생각했는데, 이런저런 이유로 미루어졌다. 그러다 코로나 시대를 맞이하게 되었고, 더 어려워진 국내 취업환경 속에서 두바이로의 취업이 좋은 대안이 되리라 여겨 이 책을 집필하게 되었다. 이 책에선 2015년 전후 두바이에 진출한 취업자의 이야기를 주로 다루었다. 해외취업으로 다소 덜 알려진 두바이에 한국 청년들은 어떻게 취업했으며, 취업 이후 어떻게 지내고 있는지 소개하고자 한다. 특출난 취업자 한두 명의 사례가 아닌, 평범한 스펙을 갖춘 청년 50여 명의 취업 사례를 통해 취업자가 취업 이후 어떻게 전 세계를 무대로 뻗어 나아가고 있는지 파악해 보는 것도 구직자에게 의미 있는 일이라 여긴다.

파트 1에서는 아랍에미리트, 두바이라는 곳에 대해 자세하게 설명했다. 두바이 취업에 대해 잘 모르는 독자들이 많을 수 있어 두바이에서 일하는 모습과 생활환경 등 다양한 사진을 담았다. 파트 2에서는 왜 두바이에 진출해야 하는지, 두바이에는 어떤 글로벌한 기업들이 있는지 안내를 했다. 파트 3에서는 취업의 추월차선을 타고 전 세계로 뻗어 나아가고 있는 취업자 50여 명의 사례를 소개했다. 파트 4에서는 취업의 추월차선을 타는 방법과 코로나 시대에 어떻게 대비해야 하는지 설명했다. 마지막으로 FAQ를 통해 두바이 취업 등 궁금한 사항을 정리했다. 코로나로 어려운 시기에 이 책을 통해 대한민국 청년들이 취업의 추월차선을 타고 세계 무대로 뻗어 나아가길 희망한다.

아울러 일과 삶의 균형을 추구하고 전문 직위 운영 등을 통해 자기
계발을 할 수 있는 근무환경을 만들어 주신 이사장님, 해외취업을 위
해 언제나 최선의 노력을 다해 주시는 본부장님과 국장님, 센터장님
이하 직원 모두에게 감사의 말을 드린다.

목차

IV. 추월차선 타는 방법

TO THE WORLD   CAREER

SALARY

EMPLOYMENT

I. ——— 중동으로 가라고?

아랍에미리트의 수도인 아부다비 시내 모습으로 사진 왼쪽 건물이 아부다비의 핵심 기업인 아부
다비 석유공사(ADNOC)다. 건물 외벽은 LED로 되어 있어 광고 및 홍보용으로 이용된다. 최근에
는 한국-아랍에미리트 외교 관계 40주년 기념행사의 일환으로 외벽에 태극기가 펼쳐지기도 하
였다. 그 옆에 보이는 건물은 St. Regis 아부다비 호텔로 한국 청년이 근무하고 있기도 하다.

1. 여기가 두바이?

"대한민국 청년들 모두 중동으로 가면 좋겠다"

대한민국에 청년이 텅텅 빌 정도로 중동으로 가면 좋겠다는 VIP의 중동 발언이 회자 되고 메르스가 유행되기 시작할 때쯤인 2015년 6월 1일, 나는 인천공항을 떠나 10시간의 비행 끝에 생소한 그곳 두바이 공항에 도착했다.

'어라? 생각보다 덥지 않네?'

설렘 반 기대 반으로 두바이에 도착한 그다음 날, 두바이 제벨알리 지역에 있는 두바이 K-Move 센터를 찾아갈 때 생각보다 덥지 않았다. 낮 최고 기온이 39도라 찌는 듯한 더위를 예상했는데 파란 하늘에 날씨도 화창하고, 이 정도면 두바이에 충분히 잘 적응할 거 같은 좋은 예감이 들었다.

버즈 알 아랍은 사막에 지어진 7성급 호텔이 아니다?

두바이에 오기 전까지 사실 아랍에미리트(이하 UAE)에 대해선 거의 몰랐다. 중동 취업 활성화 차원에서 두바이 코트라 무역관 K-Move 센터에 직원을 파견한다는 사내공고에 지원하면서 짧은 시간에 알아보긴 했다. 하지만 많이 아는 수준은 아니었다. 알고 있는 사항이라곤 '사막', '7성급 호텔이라 불리는 버즈 알 아랍', '중동이라는 다소 폐쇄적인 이미지', '값비싼 자동차가 많은 곳' 정도였다. 그런데 두바이에 와서 보니 버즈 알 아랍은 사막에 지어진 것이 아니었다. 놀랍게도 바다 위에 지어진 것이었다. 바다 위에 호텔을 지을 정도라면 두바이의 혁신과 개방성은 크게 우려하지 않아도 될 정도였다. 그래서 왠지 두바이에는 한국 청년들이 근무하기 좋은 일자리도 많을 거라는 희망도 품었다. 모든 것이 잘될 거로 생각하니 드넓게 펼쳐진 사막도 새롭게 보이

| 사막 | 바다 위에 있는 버즈 알 아랍 | 람보르기니 |

드넓은 사막, 사막 맞은편에는 버즈 알 아랍이 초록빛 바다 위에 있고, 호텔 앞에는 람보르기니 같은 고급 차가 많이 있는 곳, 이것이 두바이의 첫 모습이었다.

기만 했다. 6월 라마단이 시작되기 전까지는….

라마단이라고?

비자와 에미레이트 신분증 발급이 한 달이면 된다고 했는데 6월 중순부터 라마단이 시작되니 모든 진행이 더뎠다. 아니 차라리 개점휴업이라고 표현하는 게 맞을 정도로 어떤 면에 있어선 아예 일이 진행되지 않을 정도였다. 지금은 많이 개방되었지만 내가 도착했던 2015년도만 해도 라마단 기간에는 거의 모든 음식점이 일과시간 중에는 영업하지 않았고 쇼핑몰에 있는 패스트푸드점조차 포장 구매만 가능했다. 지금 같은 코로나 시대엔 익숙하게 여길 수 있지만, 그 당시만 해도 외국인으로선 낯설기만 한 풍경이었다. 비자 관련하여 공공기관에서 하는 일 처리는 더욱 더디어졌고 아무리 생각해도 이해가 가지 않는 경우도 많았다. 짜증을 내도 아무런 소용이 없었다. 화를 내는 경우엔 오히려 불이익을 받을 수 있다는 얘기를 들어서였다. 기다리다 지칠 때쯤 드디어 비자와 에미레이트 신분증을 받을 수 있었다. 두바이 도착한 지 2달이 훌쩍 지난 8월이었다.

비자와 에미레이트 신분증을 빨리 받아야 하는 이유는 주택을 임차하고 차량을 렌트하며 은행 계좌를 개설하는 데 에미레이트 신분증이 필수여서다. 더구나 내가 있던 지역은 JAFZA라는 일종의 자유무역지

◀　두바이 마리나 모습
◀▼ JAFZA18 건물
▼　JAFZA-자유무역지역
▼▼ 라마단-가림막 설치

두바이 도착한 다음 날 메트로에서 본 두바이 마리나 지역의 모습과 사무실이 있는 JAFZA18 건물.
이 건물이 위치한 제벨알리프리존(JAFZA) 전경. 2015년 당시에는 라마단 기간 중 일과시간에는 쇼
핑몰 식당에서도 포장 구매만 가능했다. 참고로 라마단 기간에는 일과시간 중 모든 음식을 금하며
성스럽게 지낸다. 일 년에 한 번, 한 달 정도 지속한다. 물론 비무슬림에게 적용하지는 않는다.

역(Free zone)이라 신분증 없이는 출입 등에 불편이 있어 신분증을 늦게 받을수록 정착이 늦어지고 생활하는 데 많은 불편이 따른다. 두 달 만에 비자랑 에미레이트 아이디를 받아 이동이 자유로워졌지만 어디서부터 일자리를 찾아야 할지 막막한 건 크게 변한 것이 없었다.

어디를 가면 일자리를 찾을 수 있을까?

나의 주된 업무는 두바이에서 일자리를 발굴하고 글로벌 리쿠르팅 업체와 연계하여 취업을 지원하며 현지 취업자의 애로사항 등을 해소하는 것이었다. 그런데 첫 번째 주 업무인 일자리를 발굴한다는 게 그렇게 호락호락하지 않았다. 그렇지만 일자리 발굴이 주된 업무였기에 나름 원대한 계획을 세우기 시작했다. 두바이에선 다양한 행사가 끊임없이 열린다고 들었던 만큼 전시 및 수출 상담회, Big 5, Gitex, 간담회 등 각종 행사에 참여하면 기업체 담당자를 쉽게 만날 수 있을 거 같았다. 이전에 영업 업무를 해 보진 않았지만, 기업 담당자를 만나면 한국 청년의 우수성을 알려 주고 최대한 빨리 한국 청년들을 적재적소에 알선해 줄 수 있을 거 같단 생각에 내심 흐뭇해하기도 했다.

그런데 6월 라마단이 끝나자 이드 알 피트르(Eid Al Fitr) 축제 기간이 이어지고 바로 여름휴가 시즌이 시작되어 행사 자체가 8월까지 거의 없다는 사실을 알게 되었다. 사실 7월부터 8월은 가장 더운 기간이라 기업체 담당자들 대부분이 휴가를 가서 행사는 거의 없는 상황이었다. 이렇게 8월도 별 성과 없이 그냥 보내야 하나 생각하는 그 순간에 한 무리의 낯선 사람들이 기업체들을 방문하며 소책자를 나눠 주는 모습을 보게 되었다. 알고 보니 그들은 호텔 세일즈 담당자들로 비수기인 한여름에 기업체들을 방문하며 연회, 세미나 등과 관련하여 자신들의 호텔을 이용하라며 홍보하는 중이었다. 그 모습을 보고 나도 두바이에 있는 기업체들을 하나씩 방문하기로 계획을 세웠다. 우선, 9월 행사가 있기 전까지 삼성, 엘지 등 한국 기업부터 직접 찾아다니기로 했다. 그러나 한국 기업 담당자들 역시 한여름이라 대부분 휴가를 가서 일 처리가 빠르지 않았다. 참고로 두바이는 휴가가 연 30일(캘린더 기준)이고 일부 한국 기업은 다를 수 있지만, 한국과는 다르게 대부분 휴가를 100% 사용한다.

그래도 기업체 방문을 하며 8월부터는 일자리를 발굴해 월드잡 플러스(이하 월드잡)에 하나씩 공고를 올릴 수 있었다. 그런데 본부에서는 글로벌 리쿠르팅 업체와의 연계를 추진하라고 해서 중동 글로벌 리쿠르팅 업체 3곳 모두를 방문하게 되었다. 마이클 페이지(Michael Page) 담당자는 계속 회피하며 만나 주지 않았지만, 로버트 왈터(Robert Walter)와 헤이즈(Hays)는 방문할 수 있었다.

코트라 두바이무역관 K-Move 센터 담당자와 함께 두바이 국제금융

지구(DIFC)에 있는 로버트 왈터를 방문했다. 몇 번 연락 끝에 방문하는 거라 매니저라도 만나 협의를 하면 좋겠다고 생각했는데 다행히도 로버트 왈터 중동지역 본부 대표를 만나 얘기를 할 수 있었다. 월드잡을 소개하고 한국 청년이 두바이에 진출하는 방법에 대해 논의를 했다. 우리가 우수 기업을 소개해 달라고 하자 로버트 왈터 대표는 오히려 우리에게 한국 기업 리스트와 구직자 풀을 요구했다. 이렇게 서로 입장 차가 다르다 보니 크게 소득은 없었다. 두바이에는 외국인 노동자가 많이 있는데 굳이 한국에 있는 청년들을 데리고 올 메리트가 없다고 생각하는 것 같았다. 또한 로버트 왈터 자체가 영국기반의 리쿠르팅 업체이다 보니 말하는 중에도 다소 아시아인을 낮게 보는 시각도 있어 보였다.

첫 번째 만남에 큰 소득이 없자 기업체 담당자와 약속을 잡는 것도 쉬운 일이 아니라 그다음부터는 혼자 개별적으로 찾아다니기로 했다. 그다음으로 찾아간 곳은 헤이즈였는데 알고 보니 내가 있는 사무실과 가까운 거리인 Knowledge Village에 있었다. 그런데 여기 또한 한국인 채용에 관심이 없기는 마찬가지였다. 메일을 보내고 약속을 잡으려 했지만, 답 메일이 없었다. 홈페이지 전화번호를 보고 전화하면 메일로 보내라고 하고, 찾아가면 먼저 약속을 잡고 오라며 회피하기 일쑤였다. 그렇게 5번이나 연락을 하고 찾아간 끝에 다행히 채용 담당 매니저를 만날 수 있었다. 월드잡을 소개하고 한국 청년이 두바이로 취업하는 방안 등 상호 협력할 사항에 대하여 의견을 나누었다. 그러나 역시 큰 소득은 없었다. 사실 두바이에 있는 글로벌 리쿠르팅 업체는 한국에 대해 잘 알지도 못하고 한국 기업 고객이나 구직자리스트 자체가 없기에 애초부터 관심을 두지 않았다고 볼 수 있다.

그 외 또 다른 중동지역 리쿠르팅 업체인 나디아(Nadia) 대표와도 몇 차례 만나 한국 청년 채용 방안 등의 논의를 했지만, 획기적인 방법은 없었다. 이렇게 글로벌 리쿠르팅 업체를 만나 봐도 채용과 관련하여 큰 진척이 없었다. 그러자 나는 어떻게 일자리를 발굴하여 한국 청년들을 두바이에 진출하도록 지원해야 하는지 현실적인 문제에 직면하게 되었다.

2. 일자리, 일자리

이제 다시 처음에 세웠던 계획대로 한국 기업부터 방문하고 차츰 범위를 넓혀 두바이에 있는 글로벌 기업까지 방문하려고 세부 계획을 세웠다. 어느 직종, 어느 기업부터 시작할까 고민을 하다 문득 호텔 세일즈 담당자들이 기업 방문을 하던 모습이 떠올라 호텔부터 방문하기로 했다.

한국인이 있는 호텔부터

그간 외국 기업과 외국채용 담당자를 대하다 보니 한국인이 근무하고 있는 기업부터 방문하면 훨씬 효율적이라는 생각이 들었다. 먼저 두바이 크릭 쪽 쉐라톤 호텔에 근무하는 한국인 세일즈 매니저의 도움으로 그 호텔의 인사부(이하 HR) 채용 담당자를 만날 수 있었다. 채용 담당자는 에이전시 비용을 받지 않고 취업 지원을 해 준다는 사실에 반신반의하는 모습이었다. 그래서 월드잡 홈페이지를 직접 보여 주고 공신력 있는 한국의 공공기관임을 설명했다. 몇 차례 더 만난 후에 호텔 내 프런트, F&B, 세일즈 직종 등 일자리를 발굴하여 월드잡에 올릴 수 있었다. 이는 두바이에 도착해서 발굴한 호텔 관련 대규모 채용 첫 공고이기도 했다(2015년 10월 월드잡 공고).

채용을 진행하면서 셰이크자이드로드(Sheikh Zayed Road)에 새로 짓고 있는 Al Habtoor Group 호텔 리조트에서 대규모 채용이 있을 거라는 소식을 듣게 되었다. 참고로, Al Habtoor Group은 호텔, 부동산, 자동차 리스 등의 사업을 하는 두바이 현지 대기업이다. 지인의 도움으로 호텔 채용 담당자 연락처를 알게 되어 Al Habtoor Group 호텔 관계자를 만날 수 있었다. 그런데 담당자가 호텔 매니저였다. 호텔에 근무하는 한국인이 적지 않아 매니저급은 많이 보았지만, 호텔 매니저는 드문 경우였다. 참고로 호텔 매니저는 호텔 총지배인(General Manager) 바로 밑에 있는 직급으로 호텔에서는 넘버 2다. 호텔 매니저가 직접 채용 지원을 하게 되니 HR 디렉터, Front 디렉터, F&B 디렉터 등과도 만나서 채용이 빠르게 진행될 수 있었다. 아울러 호텔 직원 숙소, 식당, 셔틀버스 등 복지 부분에 대해서도 잘 알아볼 수 있었다. 그렇게 해서 W, Westin, St. Regis hotel의 프런트, 식·음료부, 조리부 등 대규모 채용을 진행할 수 있었다. 다만, 호텔 오픈이 지연되어 합

St. Regis, W, Westin 호텔

W 호텔 직원 숙소

W 호텔 직원 숙소 내부

2016년 개관한 Al Habtoor city 에 위치한 W, Westin, St. Regis 호텔과 직원 숙소 건물 내외부 모습, 호텔에서 주거(2인 1실), 식사, 셔틀버스, 유니폼 등을 제공한다. 2021년 현재는 호텔 브랜드가 변경되었다.

격자는 호텔에 합격하고 두세 달 기다려서야 호텔에 입사할 수 있었다.

호텔 관련 채용 진행을 하다 보니 두바이에는 정말 5성급 호텔이 많다는 것을 다시 한번 알게 되었다. 참고로 두바이에만 5성급 호텔이 2016년 기준 100개가 넘었다. (두바이관광청)

왼쪽이 Westin, 오른쪽이 W 호텔   호텔 매니저 초청 채용 박람회

호텔 매니저가 직접 한국에 와서 호텔 설명회 및 채용을 진행하기도 했다.

그다음 발굴할 호텔은 EMAAR로 정했다.

두바이에 도착하면 누구나 보게 되는 EMAAR 로고는 세계 최고 빌딩인 버즈 칼리파, 세계 최대 쇼핑몰인 두바이몰을 소유하고 있는 EMAAR 그룹 회사 로고다. 이 그룹은 두바이 내 최대 기업 중의 하나로 후술하게 될 투자공사(ICD)의 자회사이자 부동산개발 회사이다. EMAAR 그룹은 부동산개발, 호텔 및 리조트, 엔터테인먼트, 테크놀로지 등 다양한 분야의 회사를 운영하고 있다. 그룹 안에 있는 EMAAR Hotel Group 역시 세계 최고층 빌딩인 버즈 칼리파에 있는 Armani를 비롯하여 Address, Palace Downtown 등 10여 개의 호텔 브랜드를 소유한 두바이 현지 최대 호텔그룹이다.

EMAAR Hotel Group에 직접 전화하고 메일로 약속을 잡으려 했지만 역시 만나기엔 쉽지 않았다. 그래도 포기하지 않고 계속 연락했고,

연락한 지 4번 만에 Hotel Group HR 매니저를 EMAAR 그룹 본사 건물에서 만날 수 있었다. HR 매니저가 처음에는 왜 한국 청년이 두바이로 오려고 하는지, 월드잡이 어떤 사이트인지 등 다소 까다롭게 물어봤는데 시간이 지나면서 매우 좋은 시스템이라며 긍정적인 반응을 보였다. 먼저 Address 호텔부터 프런트, 쉐프 등 채용공고를 올리고 진행해 나갔는데, 하필 2015년 12월 31일 새해맞이 불꽃 축제 시작 전 버

◀ 보수 중인 Address Hotel
▼ EMAAR 본사
▼▼ EMAAR Hotel, Armani HR Manager와 협의

2015.12.31. 23시 40분경 불꽃 축제 행사 전 호텔에 화재가 발생했다. 그 후 1년여 동안 개보수 중인 Address 호텔 모습, 호텔에는 네오스 라운지가 있는데 전망이 무척이나 좋다. 오른쪽은 EMAAR 본사 건물이며 HR 매니저와 정기적으로 채용 관련 협의를 하였다.

EMAAR 숙소 외관   숙소 내부

EMAAR 호텔 직원 숙소, 2인 1실 기준으로 한국의 오피스텔 크기이다. 가구, 소파 등이 완비되어
있고 전기, 수도, 관리비, 식사, 모두 무료다.

즈 칼리파 앞에 있는 Address Hotel 외관이 불에 타 버리는 바람에 채
용은 보류되었다.

　채용이 보류되어 아쉬웠지만 무작정 기다리고 있을 수만은 없었다.
다른 쪽 호텔을 알아보러 다니다 마리나 지역에 럭셔리 컬렉션(Luxury
Collection)과 르 로얄 메르디안(Le Royal Meridien Beach Resort) 호텔
의 HR Manager를 만날 수 있었다. 이 호텔은 이전에 채용을 한 W 호
텔의 채용 소식이 전해져서 다른 호텔과는 달리 채용 담당자를 수월하
게 만날 수 있었다. 처음엔 HR 매니저에게 간단히 월드잡 등을 소개했
다. 그리고 몇 차례 방문을 한 후 HR Director와 채용 관련 협의를 하
여 Front, F&B, Chef, 사무직 등 대규모 채용을 진행할 수 있게 되었다.
아울러, HR에서는 호텔 직원 숙소, 식당 등을 안내해 주고 인사팀, 세
일즈팀 등이 근무하는 사무실까지도 친히 소개해 주어 근무환경 등을
잘 살펴볼 수 있었다. 사진으로 보면 짐작하겠지만 호텔 사무실은 호

텔 지하에 있고 럭셔리한 호텔 모습과는 달리 소박하고 아기자기한 분위기였다.

| 호텔 사무실(HR) | 호텔 직원 숙소 식당 | 호텔 직원 숙소 휴게실 |

르 로얄 메르디안 호텔 내 HR 사무실 일부, 호텔 직원 숙소 내 식당으로 뷔페식으로 먹을 수 있다. 호텔 내에도 별도의 직원 식당이 있고 숙소에는 휴게실, 탁구장, 수영장 등이 있다. 물론 모두 무료다.

럭셔리 컬렉션은 그로스베너 하우스(Grosvenor House)라고도 일컫는데 르 로얄 메르디안과는 같은 콤플렉스(Complex) 호텔로 메리어트(스타우드)계열의 5성급 글로벌 체인 호텔 브랜드다. 소유주는 에미레이트 항공 회장인 아메드 빈 사이드 알 막툼이다. (두바이에 있는 글로벌 체인 호텔은 대부분 현지 대기업 회사가 운영한다. 물론 소유주(Owner)가 변경되기도 한다.)

채용이 진행되면서 관련 호텔 업계에 입소문이 나기 시작했다. 그래서 이젠 호텔 채용 담당자와 약속 잡는 것이 다소 수월해졌다. 세계최고 높이의 호텔 중의 하나로 객실 수만 1,600개가 넘는 JW Marriott

| 르 로얄 메르디안 호텔 | 럭셔리 컬렉션(GH) |

르 로얄 메르디안은 시내에 있어 휴양하기 좋은 리조트다. 럭셔리 컬렉션은 마리나의 멋진 배경이 일품이다. 호텔엔 미쉐린 식당이 즐비하고 부다 바(Buddha Bar)가 유명하다.

Marquis, 호텔 브랜드가 다양한 Accor Group의 Novotel, Fairmont the Palm 그리고 IHG(인터컨티넨탈 호텔 그룹)까지 두바이, 아부다비의 유명한 글로벌 호텔 체인들을 방문해서 채용을 진행할 수 있었다. 일자리(Job Opening)가 있다는 소식을 들으면 어디든 찾아가서 담당자를 만나 채용 협의를 했다. 채용공고가 늦어졌던 Dubai W Palm 호텔에는 오픈전에 건설 중인 호텔 현장을 직접 찾아가기도 했다. 정식 오픈전에 한국 청년이 갈 수 있는 자리를 최대한 확보하기 위해 HR 디렉터 등을 만나서 채용 협의를 하기 위해서였다.

| JW Marriott Marquis | W Palm 공사 현장에 방문 |

기네스 인증 세계 최고 높이의 호텔 건물인 Marquis는 높이가 355m로 72층 2개 동으로 이루어져 있다. 오른쪽은 공사 중인 W Palm Dubai 모습

왕립병원을 한국 병원이 운영한다고?

두바이 도착 후 비자발급을 위해 병원을 방문했었을 때 병원 시설이 생각보다 깨끗하고 현대식이라 첫인상이 좋았다. 길거리에 있는 크고 작은 클리닉부터 대규모 종합 병원까지 UAE에는 대략 80여 개의 병원이 있다. 이 많은 병원 중 어디부터 방문할까 고민을 하다 서울대 병원이 위탁 운영을 한다는 왕립병원 Sheikh Khalifa Specialty Hospital(이하 SKSH)부터 방문하기로 했다. SKSH는 라스 알카이마(이하 RAK)에 위치해 있고 RAK는 두바이에서 차로 한 시간 정도 거리였다. 병원 주변은 대부분 사막이고 병원 건물 외 다른 건물은 없는 곳이기도 했다.

그러나 병원에서 차로 10분 거리에 시내가 있고 RAK는 나름 유명한 휴양 도시란 것도 알 수 있었다. RAK에서 해안선을 따라 위로 쭉 올라가면 오만이 나오는데, 해변이 아름다운 곳이기도 하다.

왕립병원을 서울대 병원이 위탁 운영해서 그런지 한국인 의료진이 상당히 많이 있어 간호사 채용이 순조롭게 진행이 될 수 있어 보였다. 그러나 역시 자국민 채용 우선주의인 에미라티제이션 등의 이유로 간호사 등 보건 인력 채용이 그리 수월하지는 않았다. 그러나 병원 HR 담당자와 계속 채용 협의를 해서 한국인 보건 인력 채용을 진행했고 2021년 1월 현재까지도 계속 월드잡을 통해 채용을 진행하고 있다.

사실 UAE에는 병원이 적지 않게 있지만, 간호사 등 의료진 급여가 병원마다 편차가 크다. 그래서 한국 간호사 등이 취업하기 적당한 곳은 급여 수준 등을 고려해 볼 때 라스 알카이마 왕립병원(SKSH), 두바

라스 알카이마에 있는 코브 로타나는 유럽 같은 분위기를 느낄 수 있는 휴양하기 좋은 장소이고 두바이를 방문하면 꼭 한번 가 볼 만한 곳이기도 하다. 호텔 시나몽 레스토랑은 나의 최애 레스토랑이기도 했다.

이 아메리칸 병원과 메디 클리닉, 아부다비 클리블랜드 클리닉 정도라 볼 수 있다.

SKSH 왕립병원   American Hospital Dubai   CCAD(클리블랜드 클리닉)

SKSH(왕립병원)은 MOH(보건부)에 면허를 신청하고 서울대 병원이 운영을 하다 보니 간호사 자격 요건 중 토익 성적표를 받는 곳이기도 하다. 또한, NCLEX(미국간호사 면허)가 있으면 따로 현지 면허시험을 안 볼 수도 있다. 아메리칸 병원은 DHA(두바이 보건청) 면허가 필요하고 클리블랜드 병원은 HAAD(아부다비 보건청) 면허가 필요하다. 물론 두바이-아부다비 상호 면허전환이 가능하다. 중동 간호사 등 시험은 서울 동대문구 프로메트릭 시험센터에서 응시할 수 있다.

　　SKSH 다음으로 찾아간 곳은 두바이에서 첫 JCI 인증을 받은 병원이자 가장 좋은 병원이라 생각되는 American Hospital Dubai(이하 아메리칸 병원)였다. 아메리칸 병원은 재직 중인 한국인 간호사의 도움으로 병원 HR 담당자 연락처를 알게 되어 방문할 수 있었다. 물론 아메리칸 병원도 처음부터 쉽게 연락이 되질 않았고 몇 번이나 방문 끝에 겨우 만나 볼 수 있었다. 두바이에서 채용 관련 알선 에이전시는 정부 기관에 등록되어 있어야 하고 구직자가 채용되면 기업이 채용 비용을 부담하므로(에이전시 수수료는 보통 한 달치 급여) 병원에선 자체적으로 관리하는 에이전시가 많다. 그러나 보니 잘 모르는 에이전시

가 오면 가벼이 무시해도 크게 이상하지 않은 경우였다. 그래서 나는 다른 방법으로 접근해야 했다. 보통의 에이전시와는 다르고, 한국 청년의 해외 진출을 장려하기 위해 한국 간호사 채용을 지원하는 것이기에 에이전시 비용을 부담할 필요가 없다는 점을 강조했다. 그러나 병원 HR 담당자는 채용을 대행해주는데 에이전시 비용을 받지 않는다는 말을 믿지 않았다. 그래서 월드잡 홈페이지를 보여 주고 한국의 공공기관임을 설명하자 그제야 비로소 이해하는 듯했다. 월드잡을 상세히 소개하고 한국 간호사 채용 관련 내용을 협의할 수 있었다. 그 결과 중환자실, 외과 수술실 간호사 등 많은 채용공고를 올릴 수 있었다.

그다음으로 방문한 기관은 364병상의 미국 클리블랜드 병원을 베이스로 한 클리블랜드 클리닉 아부다비(CCAD 이하 클리블랜드)였다. 364병상이 작다고 여길 수 있는데 병상이 전부 1인실이라 규모는 생각보다 훨씬 크다. 여기는 한국인 간호사가 한 명도 근무하지 않았던 곳이기도 했다. 몇 차례 방문해서 HR 담당자를 만나 얘기를 하고자 했으나 자체 에이전시가 있으니 필요 없다고 계속 거절당하기만 했다. 그러다 테크니션 부서에서 근무하는 한국인 초음파사(Sonographer)의 도움을 받아 HR 부서와 연결될 수 있었다. 아울러 UAE 한국 대사관(보사관)의 지원으로 클리블랜드 병원 대외국장 등 병원 고위직 관계자를 직접 만날 수 있게 되어 병원 시설 및 채용 현황 전반에 대해 자세히 알 수 있게 되었다. 직접 채용 담당자와 연락을 한 후 외과(안과)

간호사와 중환자실 간호사 채용을 빠르게 진행할 수 있었다. 클리블랜드 병원은 Magnet 인증을 받은 병원으로 시설, 시스템, 직원 급여 및 복지 등이 좋다. 특히 병원 건물은 삼성에서 지은 것으로 외관이 독특하고 직원 숙소는 아부다비에서도 손꼽히는 멋진 건물이기도 하다.

직원 아파트

병원 직원 식당

아파트 내 수영장

병원 로비

직원들이 사는 아파트는 겉보기에도 웅장하고 아파트 단지 내 수영장, 레크레이션 시설 등도 잘 갖추어져 있다. 아파트(투룸, 2명 거주)는 병원에서 무료로 제공을 해 주고 원치 않으면 별도의 주거 수당을 제공한다. 병원 식당은 호텔처럼 깔끔하니 좋다. 아울러, 간호사로 근무하면서 일정 부분 수업료 보조를 받으며 미국 유명 대학원을 다닐 수 있는 것은 큰 장점이다.

그 외 한국보건산업진흥원 이부다비와 협력해서 아부다비에 있는 알

◄ 알 살라마 병원
▼ 병원 설립자 및 CEO와 채용 협의

알 살라마 병원 설립자 등과 만나서 간호사 채용 관련 급여, 복지, 병원 시설 등을 살펴봤다.

살라마(Al Salama) 병원도 방문해서 병원 설립자와 CEO를 만나 면담도
하고 간호사 진출 방안도 논의했다. 그렇지만 간호사 급여 등 수준이 클
리블랜드 병원과 차이가 크게 나서 실제 채용으로 연결되지는 못했다.
알 살라마 병원은 책 후반부에서도 잠깐 언급이 된다. 참고로 명칭에 자
주 Al(알) 이란 단어가 나오는데 Al은 영어 정관사 The의 개념이다.

두바이에도 사무직이?

두바이에서 일한다고 하면 대부분 승무원을 먼저 떠 올릴 정도로 두
바이 취업하면 승무원이라고 생각하는 사람이 많다. 물론 승무원이 단
일 직종으론 두바이에서 한국 청년이 가장 많이 진출해 있는 것은 사

실이다. 그러나 두바이에는 승무원 외에도 다양한 직종으로 한국 청년
들이 진출해 있다. 삼성전자, LG전자 같은 한국의 대기업뿐 아니라 수
산중공업, 휴맥스 같은 강소 기업까지 두바이에 진출해 있어서 많은
한국 청년들이 근무하고 있었다.

　한국 기업 방문은 외국계 기업 방문보단 수월했다. 외국계 기업 인
사 담당자를 만나러 갈 때처럼 몇 번씩 연락하지 않아도 되었다. 한두
번 연락으로 약속을 잡을 수 있었고 방문하면 바로 월드잡을 소개하고
한국 청년 채용에 관해 협의했다. UAE에 있는 100여 개의 한국 기업

◀　두바이 삼성(단독 건물)
◀▼　인터넷 시티 회사
▼　LG 전자 MENA-Shatha tower

두바이 삼성전자는 단독 건물이고 LG전자는 샤타 타워 긴물에 입주해 있다. 두 곳 모두 미디어
시티에 있다. 비로 옆 인터넷 시티에는 IBM, MS, ORACLE 등 인터넷 관련 기업이 많다.

중 엘지전자, 삼성전자, 아모레퍼시픽, HSAd 같은 대기업뿐 아니라 우리은행, 하나은행 등 금융기관, 한수원, 문화원, 한국관광공사 등 한국의 공공기관까지 하나씩 방문해서 채용을 진행하였다. 물류, 세일즈, 회계, 홍보 등 다양한 직종에 필요한 인재를 연결해 줄 수 있었다.

이렇게 한국 기업 일자리 발굴 및 채용은 다소 수월하게 진행될 수 있었다. 그런데 외국계 기업의 사무직 일자리 발굴은 녹록지 않았다. 링크드인을 통해 수없이 메일을 보내고 현지 채용사이트에 나와 있는 담당자의 메일, 전화 등으로 연락을 해 봤지만 거의 다 무시하거나 만남 자체를 꺼렸다(참고로 UAE에선 채용이 성사되면 기업에서 에이전시에 수수료를 주기 때문에 잘 모르는 채용 에이전시 업체를 환대하지 않는다).

그러던 중에 당시 코트라 인턴으로 와서 일자리를 알아보고 있던 구직자를 통해 Al Shaya Group(이하 알 사야)을 알게 되었다. 알 사야를 방문하여 채용 담당자를 만나서 월드잡을 소개하고 한국인 채용 협의를 하였다. 그런데 키르기스스탄 출신의 채용 담당자가 나의 회사(HRDKOREA)에 대해 들어본 적이 있다고 해서 한국 청년 채용이 순조롭게 진행되는 듯했다. 참고로 알 사야는 쿠웨이트에 본사를 둔 다국적 소매 프랜차이즈 대기업으로 아랍에미리트뿐 아니라 중동, 러시아 및 유럽 전 지역에서 스타벅스, 빅토리아 시크릿 등 소매 브랜드를 운영하고 있다. 두바이에 있는 스타벅스 매장에 가서 커피를 마시고 계산한 영수증 뒤를 보면 나오는 Al Shaya가 바로 그 회사다.

그런데 면접을 봤던 한국 청년이 알 사야 그룹의 신입 급여가 적다는 이유로 채용 담당자에게 거절 의사를 표시하면서 중간에서 입장이 다소 애매해졌다. 채용 담당자와 한국 청년 채용 관련 논의를 할 때 한국인 대졸 신입은 경력은 없지만, 연봉보다는 자신의 경력을 쌓기 위해 두바이에 취업하러 오는 경우가 많다고 얘기를 했는데 급여가 적어서 취업을 고려해 본다고 하니 상황이 다소 머쓱해진 것이다. 결국, 취업으로 연결되진 않았지만, 그 뒤로도 채용 협의는 계속되었다. 참고로 이 청년은 두바이 한국 대기업으로 취업에 성공했다.

그렇게 알 사야 채용 진행을 하며 협의하던 중 두바이 전시행사에서 만나 알고 지내는 세일즈 담당자를 통해 Pico 회사를 소개받았다. 당시에는 물론 Pico 회사를 잘 몰랐지만, 홍콩을 베이스로 한 전시 전문 업체로 두바이 등 세계 10여 개 국가에 진출해 있는 글로벌한 기업이다.

먼저 Pico 회사에서 근무하고 있는 한국인 직원을 통해 Pico Dubai 채용 담당자를 만나 월드잡 등을 소개하고 채용 등 협의를 할 수 있게 되었다. Pico는 꾸준히 한국인 디자이너 등을 채용했고 나중에는 2020 두바이 엑스포를 대비하여 한국인 디자이너를 중심으로 한 팀까지 꾸릴 만큼 한국인 채용이 활발했다.

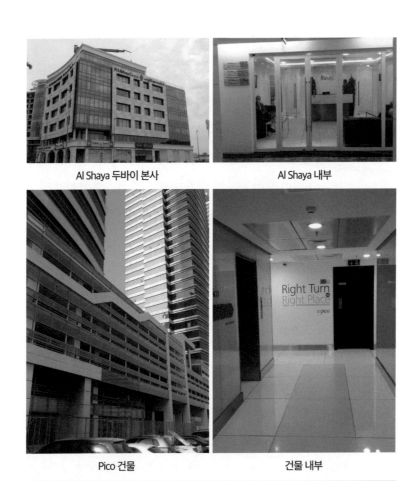

| Al Shaya 두바이 본사 | Al Shaya 내부 |
| Pico 건물 | 건물 내부 |

알 사야 두바이 본사 및 피코 두바이 내외부 모습. 두바이 대부분 사무실은 내부로 들어가면 중앙에 리셉션이 있어 출입을 통제하고 있다.

이렇게 외국계 기업을 하나씩 발굴해 가면서 채용을 진행하다 보니 주변에 알고 지내는 지인들이 기업들을 추천해 주기 시작했다. 외국계 은행에서 채용을 진행하고 있는데 마땅한 인재가 없다며 한국인도 채용 가능하니 해당 기업 담당자에게 연락해 보라며 연락처를 알려 주었다. 바로 연락하고 찾아간 곳이 Mashreq Bank였다. 처음 찾아갔을 땐 그 규모와 인지도를 잘 알지 못했다. 그런데 나름 중동지역에선 규모가 있는 은행이었고 소매 분야에선 중동지역에서는 1등 은행이란 것을 알게 되었다. VP 보좌관이라는 담당자를 만나 월드잡을 소개하고 한국 인재 채용 관련 협의를 했다. 은행에선 디자인 관련 채용을 하고 있는데 적임자가 없다며 잡 포지션을 알려 주었다. 그래서 월드잡에 디자인 마케팅 및 UI, UX 분야 공고를 올리고 채용을 진행할 수 있었

◀ Mashreq Bank 본사
▼ 사무실 내 Top company임을 알려 주는 상패

Al Ghurair 가문 소유인 Mashreq Bank는 UAE에서 가장 오래된 은행 중 하나로 소매 분야에서는 중동지역 1등이다.

다. 그러다 마침 은행채용 담당자가 한국으로 출장을 간다고 해서 서류전형을 통과한 구직자를 대상으로 서울 코엑스에서 면접을 진행할 수 있었다.

그다음은 두바이에서 가장 큰 기업 중의 하나인 에미레이트 항공을 방문해서 채용 협의를 하려고 준비했다. 참고로 에미레이트 항공은 승무원 등 50,000명 이상의 직원이 근무하는 대기업이자 두바이의 핵심 기업이기도 하다. 처음부터 두바이는 에미레이트 항공을 중심으로 물류, 관광, 보건 등으로 사업을 확장해 왔기에 두바이에서 에미레이트 항공은 그 중심이 되는 것이다. 사무직을 채용한다고 해서 몇 번이나 에미레이트 항공 본사를 방문했지만, 쉽게 진행이 되질 않았다. 그러다 사무직 면접을 보게 되는 지원자와 같이 본사 방문을 할 수 있었고 Accomodation 등 사무관리직을 담당하는 부사장(Vice President)

Emirates 항공 사무직 면접 진행 모습   Emirates 항공 본사 일부 사무실 모습

사무직 채용 절차는 서류합격을 하면 면접을 바로 보는데 1대1로 편안하게 진행한다. 오른쪽은 사무실인데 직원 책상 공간이 생각보다 무척이나 화려하다.

을 만나 월드잡을 소개하고 채용 협의를 할 수 있었다. 그러나 아쉽게도 2016년 당시 에미레이트 항공 비행기 1대가 공항에 불시착하는 사고가 나서 회사에선 그 수습을 하느라 채용이 보류되었다.

아울러, Higher College라는 우리나라로 치면 폴리텍대학 같은 곳에서 교수와 직원 채용을 한다고 해서 진행을 했다. 그렇지만 대학에서 요구하는 수준과 한국인 지원자의 역량이 맞지 않아 채용되지는 않았다. 대부분 원어민 수준의 영어 실력과 영미권 대학 출신을 우대하다 보니 매칭이 잘 안 된 듯싶다. 그 외에 DP World, Dubai Aluminum, 아부다비 국가자격청 등 많은 에미라티 기업을 방문해서 한국 청년 채용 관련 협의를 했지만 대부분 경력직을 요구하다 보니 채용으로 연계가 쉽진 않았다. 여기서 경력은 포괄적인 경력 기간만을 의미하는 게 아니라 세부 경력 사항까지도 일치해야 하기에 매칭이 어려웠다.

DP World 본사(제벨알리)

아부다비 국가자격청 방문 협의

국가자격청 사무실 내부

두바이에 본사를 둔 다국적 물류 회사인 DP World와 아부다비 국가자격청을 방문하여 채용 관련 협의를 하였다.

3. 인싸들이 모이는 곳

두바이는 라마단 기간 및 한여름을 제외하곤 연중행사가 끊이지 않는 곳이다. 각종 전시 전문 관련 행사, 수출입 관련 기업 만남의 장, Gitex, Big5 등 기업인들을 만나고 회사를 알기엔 참 좋은 곳이다. 특히 2015년도엔 중동 해외취업에 관심이 많을 때여서 우리나라 국가기관인 국민경제자문회의 및 각종 협의체 등이 두바이에 직접 와서 중동 진출 관련 회의 등을 많이 했다. 회의를 통한 결론은 이랬다. 한국 청년이 중동에 진출하기 위해서는 영미권의 선진국과 인도, 파키스탄 등 제3국 사이에서 경쟁해야 하고, 중동 문화가 한국과는 이질적이기에 생각보다 취업하기가 어려운 곳이라는 의견이었다. 그러나 당시 내가 느낀 바에 의하면, 비록 두바이에서 해외취업 업무를 한 지 몇 달 안 되었지만, 두바이만큼은 다른 중동지역보다 한국 청년이 진출하기에 충분히 가능성이 있어 보였다. 보고서에 없는 것은 현장에 있다는 생각을 하고 두바이에 있는 기업, 일자리 등을 더 잘 알아보리라 다짐하기도 했다.

국민경제자문회의 GCC 국가 진출 간담회　　UAE 진출 한국 청년의 밤 행사에서 월드잡 소개

국민경제자문회의단 방문 시 간담회, 오른쪽은 UAE 취업자 행사에서 월드잡 등 해외취업을 소개하고 있는 모습(연합뉴스 2015.11.7.)

아울러, 대사관이 주최한 2015년 11월 UAE 취업자 행사에서는 아랍에미리트에서 근무하고 있는 취업자 및 대학원생과 기업인들을 만나볼 수 있는 자리였다. 이 자리에서 해외취업에 대한 정부 지원사업 등을 자세히 설명하기도 했다.

그 외에도 두바이에 있는 한국 기업 채용 담당자들을 대상으로 해외취업 설명회를 진행하고 다양한 직종의 취업자가 참여하는 해외취업자 간담회를 개최하면서 한국 청년이 두바이에 진출할 수 있는 발판을 마련하는 데 최선을 다했다.

이렇게 기업 등을 방문하고 일자리가 있는 곳이면 어디든 참여해서

◀　두바이 한국 기업대상 설명회
▼　취업 설명회
▼▼ 취업자 간담회

한국 기업 담당자 대상으로 월드잡을 소개하고 두바이 취업자와 구직자 대상으로 설명회를 진행했다. 취업자들과의 간담회 자리를 마련하여 애로사항을 해소하려고 했다.

한국 청년이 두바이에 조금이라도 쉽게 진출하기 위해 노력했다. 이런 노력으로 두바이에 있는 3년 동안 600여 개의 일자리를 발굴하여 139명의 한국 청년이 두바이에 진출하는 데 도움을 주었다. 물론 139명의 취업자 외에도 별도로 두바이 등 중동에 진출한 취업자는 많이 있다.

그런데 두바이 취업자들은 왜 미국, 일본 등 해외취업 선호 지역도 아닌 머나먼 중동까지 와서 취업했을까?

요즘에는 대학생들이 놀 시간이 없다고 한다. 1학년 때부터 학점 관리를 하고 열심히 공부한다. 토익 고득점을 획득하려고 매월 시험을 보는 학생도 있고 일찍부터 자격증 준비를 한다. 그런데도 졸업 후에 취업하기가 만만치 않다. 이에 반해 두바이 취업을 위해선 높은 학점, 토익 성적표, 자격증도 크게 필요하지 않다. 영어로 의사소통이 되고 관련 경험이 있으면 한국에서 취업하거나 다른 외국으로 진출하는 것보다 쉬운 편이다.

학점, 토익, 자격증, 인턴 활동까지 하며 완벽하게 준비하려고 노력하지만, 취업까지 오래 걸리는 서행 차선과 영어로 의사소통할 수 있고 관련 경험 및 경력만으로 취업할 수 있는 추월차선이 있다면 어디로 갈 것인가? 취업을 위한 요건은 점점 상향화되어 가고 있고 취업 역시 점점 어려워지고 있는 요즘, 그렇다면 두바이로의 취업이 추월차선이 될 수 있을까?

취업의 서행차선			취업의 추월차선	
준비사항	결과		준비사항	결과
높은 학점	취업 오래 걸림	VS	관련 경험(알바 포함)	빠른 취업
토익 고득점	고연봉 미정		영어 의사소통 가능	고연봉 가능
다양한 자격증	느린 승진		자신감	빠른 승진
인턴 경력	치열한 경쟁		도전 정신	경쟁률 낮음
완벽한 준비	완벽한지에 대한 불안		일단 실행	취업 후 업그레이드

이하에서는 두바이가 취업하기 좋은 곳인지, 취업한 이후 취업자는

어떻게 경력을 쌓고 나아가는지 살펴보고 과연 두바이로의 취업이 추월차선이 될 수 있는지 알아보고자 한다. 그 전에 먼저 중동지역 이해를 위해 UAE 등에 대해 간략하게 설명부터 하겠다.

II. ──────── 왜 두바이인가?

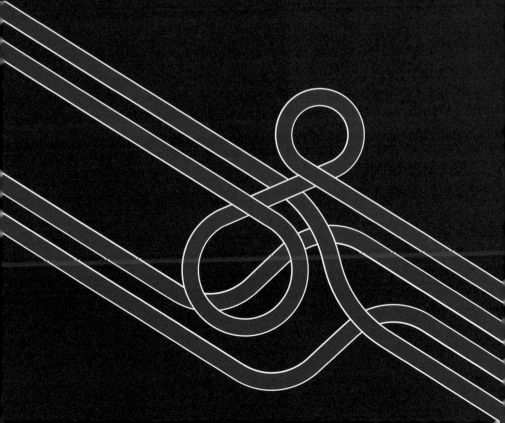

2021년 1월 1일 0시에 두바이 다운타운 버즈 칼리파에서 신년 맞이 불꽃 축제가 진행되었다. 불꽃 축제 시 주변 호텔은 거의 모두 만실이며 1박 가격은 최소 100만 원이 넘는다. 또한, 버즈 칼리파 주위에 있는 두바이 몰, 어드레스 호텔은 모두 EMAAR Group에 속한 회사로 두바이 도착 시 가장 눈에 띄는 브랜드가 바로 EMAAR다. 버즈 칼리파 아르마니, 어드레스 호텔 등에 한국 청년이 근무하고 있다.

1. 중동, 아랍, 이슬람?

중동이란 명칭과 지역 경계선은 정확하지가 않다. 1850년 영국의 동인도 회사에서 중동이라는 용어를 사용했고 미 해군 전략가인 마한이 용어를 사용하면서 널리 퍼지게 되었다고 한다. (위키백과 중동) 지역상으론 대체로 북아프리카부터 페르시아 지역까지를 일컫는다.

중동? 아랍? 이슬람?

대부분 우리나라 사람들은 중동이랑 아랍, 이슬람을 다 같은 것으로 여긴다. 중동이라 하면 대략 아래 지도에서 보듯이 GCC 지역 + 레반트 지역 + 이란까지를 포함한다. 여기서 이란은 중동에 포함되지만, 아랍에는 포함되지 않는다. 또한, 레바논은 인구의 40%가 기독교이며 시리아 또한 인구의 10% 이상이 기독교이다. 즉 중동지역에 이슬람을

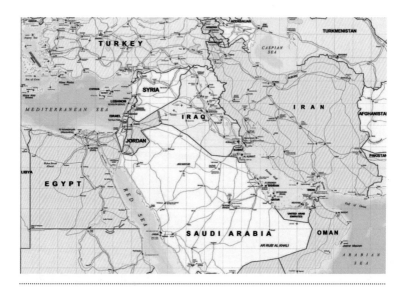

중동지역 위키미디어 : 중동 지도(N.G.IA)

종교로 하고 아랍어를 사용하는 아랍인을 칭할 때 아라비아반도의 사우디아라비아(이하 KSA), 아랍에미리트(이하 UAE) 등이 있는 걸프협력회의(이하 GCC) 국가들을 생각하면 적합할 듯하다.*

---

* 중동 주요 국가 : 이집트, 레바논, 시리아, 요르단, 카타르, KSA, UAE, 이란, 이스라엘, 터키 등
  GCC : 걸프협력회의로 KSA, UAE, 오만, 쿠웨이트, 바레인, 카타르 6개 국가의 경제 협력체
  레반트 : 시리아, 요르단, 레바논 등이 있는 근동 지역을 말하며 근동 지역이란 명칭도 유럽 중심의 사고방식에서 나왔다고 볼 수 있다.

취업 가능한 지역은?

중동지역이 지도에서 보듯 지역이 넓고 경제 상황이 다른 만큼 한국 청년이 취업이 가능한 지역은 석유 자본을 바탕으로 경제를 발전시키고 있는 아라비아반도의 GCC 국가이다. 그중 한국 청년이 가장 많이 취업한 국가는 현황에서 보듯 UAE임을 알 수 있다.

참고로 GCC 국가는 생활환경, 종교, 문화, 노동관계 및 비자 체계 등이 유사해 UAE를 제대로 이해하면 다른 GCC 국가도 이해하기 쉽다.

3개년 중동지역 취업 현황(월드잡플러스)

(단위 : 명)

구분	계	아랍에미리트	카타르	사우디아라비아	쿠웨이트	기타(4개국 외)
계	443	200	95	80	37	31
2017년	124	70	11	21	12	10
2018년	153	90	10	24	24	5
2019년	166	40	74	35	1	16

※ 카타르는 승무원 진출 여부에 따라 취업 현황 차가 큰 편이다

2. 아랍에미리트(UAE) 이모저모

우선 UAE의 지정학적 위치를 알아볼 수 있는 대외 현황부터 보면, UAE는 아라비아반도에 있어 GCC와의 관계가 친밀하고 마주 보고 있는 이란과는 사이가 좋지 않다. 영미권으로부턴 최신의 기술 및 교육 등을 적극적으로 받아들이고 있으며 이스라엘과는 최근 사이가 좋아진 편이다. 한국과는 1970년 수교한 이래 2018년 특별 전략적 동반자 관계로 격상되었고 2020년 상호문화 교류의 해로 40주년을 맞이할 만큼 친밀한 관계이다.

대외 관계

GCC 국가와는 정치, 경제 안보 분야에서 대부분 비슷한 입장이었으나 2017년 6월 친이란 성향인 카타르와의 갈등으로 카타르와 외교를 단절했고 현재까지 이 상황이 지속되고 있다. 그 결과로 GCC 간 결속은 약해진 상황이다. 그러나 최근 UAE, 사우디, 카타르가 직항노선을 재개하면서 긴장감은 완화되고 있다. (Bloomberg 2021. 1. 11. / Arab News 2021. 1. 18.) 이란과는 종교와 민족도 다르고 이란의 안보 위협요인으로 안보 불안 상태가 크지만, 양국은 주요 교역 파트너로 경제 협력을 중시하고 있다. 영국으로부터 1971년 12월 독립을 한 이래로 영국의 교육, 경제체제 등 많을 것을 받아들였다. 물론 미국과도 긴밀한 안보협력 관계를 유지하고 있다.

   최근 변화된 것 중 하나가 이스라엘과의 관계이다. 이스라엘과는 사이가 좋지 않았지만, 최근 바레인과 함께 아브라함 협정을 조인하여 79년 이집트, 94년 요르단이 이스라엘과 협정한 이래 26년 만에 수교를 맺어 놀라움을 주었다. (워싱턴/AP 연합뉴스 2020. 9. 15.) 이 협정으로 UAE는 걸프 지역에서 입지를 더욱 다지게 되었고 나아가 세계 금융 상업 중심지로 발돋움할 수 있는 계기를 마련했다는 평가를 받는다. 이러한 중동의 안정세로 한국이 중동지역에서 건설·플랜트뿐 아니라 5G 통신 등 다양한 분야에서 안정적으로 사업을 할 기회가 더 많아질 것이다.

경제 상황

   UAE는 개별 에미리트(토후국) 중심으로 자치권을 인정하고 있으나 에미리트 간 경제력의 차이로 석유 자원을 보유한 아부다비와, 관광 및 무역 중심의 두바이를 제외한 나머지 에미리트는 산업기반이 빈약한 편이다. 참고로 UAE는 아부다비, 두바이, 라스 알카이마, 푸자이라, 샤르자, 아즈만, 움알콰인의 7개 에미리트로 이루어져 있다. 흔히 두바이는 석유 때문에 부유하다고 생각하는데 수도인 아부다비와 달리 석유 자원이 거의 없고 항공, 물류, 서비스 산업 중심으로 경제를 운영하고 있다. 그에 반해 아부다비는 석유 자원이 풍부하지만, 석유 부문의 경제 의존도를 낮추고 산업 다각화 및 지속 가능한 경제를 위해 항공 우주, 첨단 산업 등에 중점을 두고 있다. 두바이 역시 산업 다각화 노력의 목적으로 관광, 물류 산업뿐 아니라 항공 우주, 보건 의료 기기 등에 특화해서 전략을 짜고 있다. World Bank에 따르면 코로나로 2021년 중동 아프리카(MENA) 경제는 2.1% 성장을 예상하는데 (Arab News 2021. 1. 5.) 두바이 경제는 3%로 예측한다. (Khaleej Times 2021. 1. 3.)

한국 기업의 UAE 진출 여건을 한번 보자. UAE는 물류 중심으로 산업이 발전했다. UAE는 중동, 아시아, 유럽을 잇는 무역과 물류의 허브로서 제조업에 필요한 원부자재 확보 및 생산품 수출이 쉽다. 아울러, 두바이 국제공항, 알막툼 국제공항, 제벨알리 자유지역 등 우수한 항만 및 항공, 도로 교통 등 인프라가 잘 조성되어 있다. 또한, 외국 기업 유치를 위한 외국인 투자법을 개정하고 법인세, 개인소득세 미부과 등으로 우리 기업의 진출 기회가 높은 지역이다. 단, 2018년부터 부가가치세를 5% 부과하고 있다. 특히 UAE에는 외국인 소유조건이 유리하고 자국인 고용조건 등에 대한 규제를 완화해 주는 자유 무역지대가 발달하였다. 아부다비의 마스다시티 등 6개 지역과 두바이의 제벨알리 자유지역 등 19개 지역, 두바이 인근 북부지역의 아즈만 자유지역 등 7개 지역 등 총 40개 이상의 자유 무역지대를 운영하고 있다. UAE 첫 자유 무역지대인 제벨알리 프리존에만 6,000여 개의 기업들이 진출해 있고 세아제강, 현대중공업 등 많은 한국 기업이 있다. 두바이 K-Move 센터도 2016년까지 이곳 제벨알리 프리존에 있다가 2017년에 두바이 코트라 무역관이 있는 미디어 시티(Mediacity)로 이전을 했다. (www.emiratesfreezone.com / 2018 UAE 개황)

무엇보다 UAE는 자국인(Emirati) 인구가 전체 인구 1,075만 명(2019년 IMF) 중 11%(2018년 세계은행)에 불과하여 경제 발전에 필요한 대부분 인력은 외국인 노동자에 의존하고 있다. 그 결과 취업에 있어서만큼은 다른 국가보다 훨씬 외국인 근로자에게 개방적이라고 볼 수 있다. 이러한 경제 현황 및 외국인 근로자에 대한 여건에 따라 원자력 건설 및 운영유지를 위해 한국 전력 컨소시엄이 아부다비 바라카 지역에, 그 외 삼성, 현대, 쌍용건설 등 많은 한국 기업이 두바이에 진출해 있다.

3. 이런 기업이 두바이에?

국부펀드

먼저 UAE의 경제 및 금융을 얘기할 때 빠지지 않고 언급되는 국부펀드를 알아보자. UAE는 여러 개의 국부펀드를 운용하고 있는데 그중 아부다비 투자청이 운영하는 국부펀드는 아부다비 석유공사(ADNOC)의 수입으로 조성하는데 8,280억 불의 자산 규모를 자랑한다. 이외에도 첨단기술 등 투자를 위해 무바달라 투자회사를 운영하고 있다. 무바달라는 알루미늄회사, 마스다르시티 건설 등에 투자하고 있다. 두바이는 자산 규모 2,095억 불 규모의 두바이 투자공사(ICD)를 운영하고 있는데 두바이 투자공사 안에 EMAAR Group 등이 포함되어 있다. (2018 UAE 개황, 무바달라)

두바이 기업

EMAAR Group, Jumeirah Beach, Emirates Airline, ENOC, NBD, Nakheel, Maydan, Tecom, DBG, Damac Properties, Aldar, Lootah, Al Ghurair Group

두바이에는 이처럼 수많은 기업이 있다. 위의 언급한 회사는 모기업이라 그 안에 또 무수히 많은 자회사가 있다. 예를 들어 EMAAR Group 안에는 Emaar Properties, Emaar Hospitality, Emaar Entertainment 등이 있고, 이 중에 Emaar Hospitality 안에만 Armani, Address, Palace Downtown 등 무수히 많은 브랜드 호텔이 있다. 이렇게 많은 기업은 크게 3개의 모회사 중심으로 운영되는 정부 관련 기업과 기타 에미라티 사기업으로 구분하면 이해하기 쉽다.

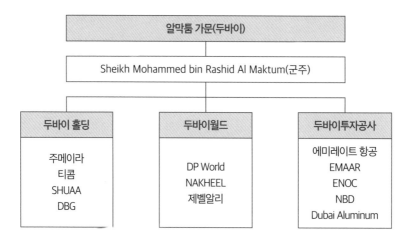

정부 관련 기업들은 조직도에서 보듯이 3개의 모회사가 중심이다. 두바이 홀딩이 두바이 통치자 셰이크 모하메드 빈 라시드 알막툼의 개인소유이며 나머지 두바이월드와 두바이 투자공사도 알막툼 가문 등이 지배하고 있다고 보면 된다. 참고로 두바이는 모하메드 총리의 알막툼 가문이, 아부다비는 칼리파 대통령의 알 나흐얀 가문 소유의 대기업들이 경제 발전을 주도하고 있다. (2018 UAE 개황)

7성급 호텔로 잘 알려진 버즈 알 아랍, 주메이라 비치 호텔그룹, 부동산개발 관련 TECOM, 금융관련 SHUAA Capital 등이 두바이 홀딩 내 주요 그룹 회사이다. 두바이월드는 항만 관련이 주된 사업으로 화물, 물류 중심 기업인 DP World, 자유무역지역인 Jebel Ali, 부동산 개발업체인 NAKHEEL 등을 소유하고 있다. 2008년 두바이 금융위기가 있을 때 NAKHEEL 부동산 사업의 부진으로 곤경에 처하기도 했다. (건설경제 2009년 겨울호) 두바이 투자공사(ICD)에는 우리에게도 잘 알려진 에미레이트 항공, 부동산개발 회사인 EMAAR 그룹, 중동에서 가장 큰 은행 중 하나인 NBD 등이 포함되어 있다. 에미레이트 항공 승무원이 되면 Emirates NBD가 주거래 은행이 된다.

그 외 두바이 주요 기업으로 부동산 개발업으로 DAMAC Properties, 건설 및 부동산, 헬스케어 사업을 하는 S. S. Lootah, 철강 관련으로 Dubai Steel, 통신업으로 아부다비에 본부를 둔 다국적이동통신 서비스 제공자인 Etisalat, 두바이에 본부를 둔 에미레이트 통합 통신 회사

인 Du가 있으며, 부동산, 제조, 금융업을 운영하는 Al Ghurair Group
등이 있다.

4. 살기 좋을까?

두바이로 파견 간다고 했을 때 왜 사막이 있는 지역으로 가려고 하는지, 극한의 더운 날씨라는데 잘 견딜 수 있는지 등 대부분 부정적인 시선으로 물어보곤 했다. 나 또한 두바이에 있으면서 구직자들로부터 두바이가 살만한 곳인지, 얼마나 더운지 등 우려 섞인 질문을 받아왔다. 그러면 두바이는 취업하고 정착해서 살기 좋은 곳일까? 그에 앞서 두바이는 한국과 어떤 인연이 있는지부터 살펴보자.

한국과 UAE(두바이)와의 관계

• 특별 전략적 동반자 관계

석유를 바탕으로 부를 축적했지만, 석유 고갈 이후를 생각하는 UAE 입장에서는 이런 위기를 타개하기 위해 한국을 모델로 삼은 듯하다.

두바이 시내 전경

위 사진은 1990년대 두바이 다운타운 모습이다(Gulf News 2017. 12. 촬영). 대부분 사막에 도로 외에는 건물 몇 개만 있는 상태이다. 사진에 보이는 E11 도로(셰이크자이드 도로)는 1980년에 완공된 UAE에서 가장 긴 도로이다(550km). 지역마다 다르긴 하지만 최대 20차로 이상인 곳도 있을 만큼 차로가 널찍하다. 오른쪽 위에 있는 건물은 두바이 100디람 지폐에도 나와 있는 세계무역센터 건물인데 관광공사 두바이(KTO)가 이 건물에 있다. 아래 사진은 현재 두바이 모습인데 사진처럼 두바이는 30년 만에 엄청난 속도로 발전했다.

◀ 두바이 다운타운
▼ 다운타운 부근 셰이크자이드 로드
▼▼ 다운타운 중심부 건물

위쪽 사진은 두바이 다운타운 전경으로 앞 건물은 에미레이트 타워이고 가운데 멀리 보이는 건물이 무역센터 건물이다. 왼쪽 아래 사진은 셰이크자이드 로드이고 오른쪽 아래 사진이 버즈 칼리파가 있는 두바이 시내 중심지다.

한국 전쟁에서 폐허가 되었지만, 반세기 만에 이룬 기적의 한국을 보면서 아랍에미리트도 그렇게 되기를 원하는 거 같다.

이미 2018년 특별 전략적 동반자 관계로 격상이 되어 양국은 더욱 긴밀한 관계를 유지하고 있으며 2020년은 양국이 외교를 맺은 지 40년이 되는 해이기도 하다. 한국이 코로나 19로 상황이 어려웠던 2020년 초에 다른 국가가 한국인 입국을 막아도 UAE는 중동에서 유일하게 입국을 막지 않은 국가였다. 아울러 2020년 바라카 원전 1호기 첫 연료 주입하는 행사에 문재인 대통령을 초청했는데 코로나로 방문을 못 하자 연료 주입 행사를 연기할 정도로 한국에 대한 신뢰를 보여 주기도 했다. 그에 대한 보답으로 우리 정부도 가장 먼저 UAE에 진단 키트를 지원하지 않았나 하는 생각이 들었고 씨젠 두바이 법인이 많은 역할을 하기도 했다. (Gulf News 2020. 10. 28.)

• 왜 우호적일까?
2003년 두산중공업이 두바이 북동쪽에 있는 푸자이라에서 담수화 플랜트를 성공적으로 준공한 이후 UAE는 물 부족 사태에서 벗어날 수 있었고 이는 곧 UAE 경제 발전의 디딤돌이 되었다. (아시아 경제 2009. 5. 12.) 그 이후 세계 최고층 빌딩으로 잘 알려진 버즈 칼리파를 삼성물산에서 시공했고 두바이 군주 셰이크 모하메드의 집무실이 있는 에미레이트 타워, 한국인이 많이 찾는 그랜드 하얏트, 최근에 완성된 거대한

로얄 아틀란티스 (2018년 기준)　　　　그랜드 하얏트 호텔　　　　　Emirates Tower

쌍용건설이 팜 주메이라 아틀란티스 왼쪽 옆에 제2 아틀란티스를 건설하고 있다. 가운데는 쌍용
건설이 지은 그랜드 하얏트 호텔로 쌀국수가 맛있는 식당이 있어 한국인이 자주 찾는 곳이기도
하다. 오른쪽은 쌍용건설이 지은 에미레이트 타워로 한쪽은 오피스, 다른 한쪽은 호텔이다.

인공섬인 팜 주메이라에 있는 로얄 아틀란티스 역시 쌍용건설이 완성
했다.

또한, 중동지역 최초의 바라카 지역의 원전을 한전 컨소시엄이 건설
한 사실은 대부분 알 것이다. 물론 이렇게 건설·플랜트에서만 두각을
나타낸 것은 아니다. 라스 알카이마의 왕립병원을 서울대 병원이 위
탁 운영을 하고 있고 사막의 쌀 재배 기술을 한국 농촌진흥청이 도움
을 주고 있다. 2020년 7월에 아랍권 최초로 화상 탐사선 '아말' 발사를
성공시켰는데 이 아말 프로젝트는 한국 기업인 쎄트렉아이와의 협력
을 바탕으로 이루어진 것이다. 또한, 한국석유공사는 아부다비 석유공
사와 공동으로 할리바(Haliba)에서 석유를 추출하는 등 한국과 UAE는
많은 분야에서 서로 협력하고 있다. (Gulf News 2020. 10. 28.)

이처럼 UAE의 발전을 위해 다수의 한국 기업이 참여하여 성공적으로 운영을 하고 있으니 한국에 대한 인식이 좋다. 물론 이에 따른 한국인에 대한 혜택도 있다. 한국인은 비자 없이 입국할 수 있고(상호조약, 90일간 무비자) 한국 자동차 운전면허는 소정의 수수료만 부담하면 UAE 운전면허로 변경할 수 있다. 참고로 UAE에선 외국인이 운전면허를 취득하기가 어렵고 비용도 한국보다 매우 비싸다.

버즈 칼리파 앞에서 한국 가수 엑소의 POWER 노래에 따라 분수 쇼가 펼쳐지는 모습을 보면 이내 으쓱한 기분이 들기도 한다. 길거리나 도로에서 수많은 두바이 택시 가운데 현대 소나타를 보면 반가운 마음이 들 수도 있다. 이처럼 두바이는 한국에서 멀리 떨어져 있지만 친숙한 곳이기도 하다.

최근 2020년 하반기에는 두바이 버즈 칼리파와 아부다비 석유공사 건물에 태극기를 게양하여 한국에 대한 우정을 표시하기도 하였다.

해외 진출 시에 해당 국가가 한국에 얼마나 우호적인지에 따라 기업 진출 수월성, 취업 가능성, 정착 가능성도 비례하기 마련이다. 앞서 언급한 것처럼 두바이는 한국에 대해 우호적인 편이라 말할 수 있을 것이다. 그럼 정착해서 살기도 좋을까? 하나씩 알아보자.

• 찌는 듯한 날씨?

두바이는 한국과 달리 여름과 겨울이 있는데 한여름인 7월~8월은 정말 더워서 밖에 다니기 힘들 정도다(최저 30도에서 낮 최고 45도). 그러나 사실 어느 건물이든 에어컨이 잘 갖춰져 있어서 실내는 오히려 추울 정도다. 반면 겨울인 12월~2월은 한국의 가을 날씨처럼 선선해서(최저 14도에서 낮 최고 27도) 지내기 좋다. 겨울 날씨가 좋으니 러시아 등 추운 지역에 사는 사람들이 겨울에 관광으로 많이 와서 겨울 시즌이 두바이에선 성수기다. 대체로 한여름을 제외하곤 지내기에 좋은 편이라 볼 수 있다.

• 왜 이리 고층 건물이 많지?

두바이는 고층 건물 많기로 유명한데 상당수 고층 건물은 놀랍게도 아파트다. 사진에서 보이는 대부분의 고층 건물이 아파트이고 세계에서 가장 높은 아파트 중 하나인 Princess Tower 및 주변 건물도 대부분 아파트다.

• 럭셔리 아파트가 6억?

두바이 주거 환경은 어떨까? 두비이 아파트는 보통 방 하나에서 침실 네 개까지 다양하게 있는데 스튜디오인 원룸은 15평, 1베드는 20평

| 초고층 아파트 | 마리나, JBR 지역 아파트 | 마리나지역 아파트 |

보이는 건물 대부분이 아파트다. 왼쪽 사진 중 한가운데 꼭대기가 녹색인 둥그런 건물이 Princess Tower로 기네스 인증 세계에서 가장 높은 아파트 중 하나이다.

대, 2베드는 30~40평, 3베드는 40~50평 정도 크기로 생각하면 된다. 특이한 점은 1베드 아파트에 화장실은 2개다(2베드는 화장실 3개, 3베 드는 화장실 4개).

두바이에서 외국인도 집을 구매할 수 있다. 두바이 아파트의 경우 지역마다 차이가 크게 나지만 마리나 같이 한국인이 많이 거주하는 곳 의 경우 2베드 기준(40평 정도) 구매가격이 200만 디람(6억 원) 정도 한다(토지는 제외). 매매의 경우 서울보다 아파트값이 저렴한 편이다. 그래서 취업하고 3년 정도 지나면 집을 구매하는 청년들을 적지 않게 볼 수 있다.

• 원룸이 100만 원?

그러나 주거 임차료는 비싼 편이다. 한국 같은 전세가 없고 월세도 한국과는 다소 다르다. 1년 단위로 임차계약을 맺은 후 1회 혹은 2~4회로 나누어 임차료를 지급한다. 2015년에서 2017년까지는 두바이 마리나 기준 1베드(25평 정도) 아파트 연 임차료가 대략 10만 디람(3,000만원) 정도였지만 2020년 12월 현재는 1베드(890sqft = 약 80㎡ = 약 23평) 기준 4만1천 디람(1,230만 원) 하는 아파트도 두비즐에 올라오고 있다. 아래 왼쪽은 2017년 한국인이 많이 거주하는 일부 지역 평균 임차 비용이고 오른쪽은 2020년 같은 지역 시세인데 3년 전의 비용보다 대략 30% 이상 저렴한 것을 볼 수 있다(코로나로 인해 두바이 모든 지역 임차료가 3~4년 전보다 30% 이상 저렴해졌다).

2017년 7월		2020년 7월
- 마리나 1베드 　평균 97,000디람(2,910만 원) - 다운타운 1베드 　평균 112,000디람(3,360만 원)	VS	- 마리나 1베드 　40,000디람~75,000디람 　(1,200만 원~2,250만 원) - 다운타운 1베드 　50,000디람~80,000디람 　(1,500만 원~2,400만 원)

※ Time out Dubai 9월/2017년, Asteco dubai Real Estate Report(2분기/2020년), 1디람 = 300원

　그러나 2021년에는 두바이 부동산 시장이 회복하리라 전망한다. (The National 2021. 2. 2.)

　아파트 임차계약 시 임차료 외에 보증금, 관리비 등이 추가로 발생할 수 있으므로 계약서를 미리 잘 살펴보는 것이 좋다. 또한, 부동산

중개료(1년 렌트비의 5%) 및 관리비(1년 임차료의 5% 정도를 12개월 동안 월별로 나뉘어 수도 전기세와 함께 청구) 등이 추가로 발생할 수 있다. 또한, 집을 임차할 때 한국처럼 직거래도 한다. 하지만 집주인이 외국에 있는 경우에는 반드시 중개인을 통해 계약해야 하고 대부분 매물을 중개업자가 관리하기 때문에 RERA(Real Estate Regulatory Agency)에 등록된 중개업체를 이용하는 것이 일반적이다. 임차 물건은 두비즐(www.dubizzle.com)에 많이 있다.

◀ Greens 지역
◀▼ Marina 지역
▼ Downtown 지역

한국인이 많이 거주하는 지역 중 그린스, 마리나, 다운타운 지역의 아파트다. 그린스는 나무를 잘 가꾸어 놓은 공원 같은 곳이라 아이들이 있는 가족 중심으로 많이 거주한다. 마리나는 삼성, 엘지 등 한국 기업이 많이 있어 한국인이 많이 거주하고 다운타운 DIFC(국제금융지구)에는 금융 관련 외국계 회사가 많이 있어 맥킨지, 보스톤 컨설팅 등 금융권 직장인이 많이 거주하는 편이다.

- 외식비가 기가 막혀?

 두바이 생활 물가가 비싸다고 여기는 이유 중의 하나는 비싼 외식비가 한몫한다. 그런데 술을 주로 호텔에서만 마실 수 있고 한국처럼 거리에 식당이 많지 않아 외식도 대부분 호텔에서 하다 보니 더욱 비싸게 느껴진다(물론 주류 허가증을 받으면 집에서 술을 마실 수 있다). 한식의 경우 김치찌개가 80디람(24,000원), 비빔밥 80디람(24,000원)이다. 호텔 및 일반 음식점을 이용할 때 대부분 1인당 100디람(30,000원) 정도 든다고 생각하면 된다. 식당 이용 시 한국과는 달리 물도 별도 비용을 받는다.

| 쇼핑몰 식당 | 해변 공원 식당 | 호텔 식당 |

왼쪽은 실내 스키장이 있어 유명한 Mall of Emirates 내 식당, 가운데는 La Mer 해변 공원 식당, 오른쪽은 Westin Marina 호텔 식당이다.

- 물 한 병에 300원?

 두바이는 주거 임차료와 외식비는 비싼 편이지만 흔히 말하는 장바구니 물가가 비싼 편은 아니다. 호주산 최고급 와규도 1kg에 5만 원,

물 12개 1,500원, 쌀 2kg 4,800원, 호주 와규 1kg 50,000원, 바나나 1kg 2,400원

단위 1디람 = 약 300원/ 호주산 와규는 품질, 맛이 최상급인데 가격은 한국보다 훨씬 저렴하다.

바나나 1kg 2,400원, 물 0.2리터 12개짜리 한 묶음에 1,500원(할인 시),
캘리포니아 쌀 2kg 4,800원, 콜라도 0.35L 1개가 700원(2017년 이전엔
450원)이다. 흔히 물값이 석윳값보다 비싸다고 알려졌지만, 사실은 물
값이 훨씬 저렴하다.

이렇게 저렴한 이유 중의 하나는 생필품에 대해선 외국인 노동자들
을 위한 보조금과 관련이 있다.

• 차량 및 운전면허

아랍에미리트에서는 일정액 이상 급여를 받는 취업자의 경우 은행
대출이 비교적 쉽다. 자동차세가 없으며 보험료 및 유류비가 저렴하므
로 자동차를 구매하여 이용하는 것이 대중교통을 이용하는 것보다 유
리할 수 있다. 기름값은 매달 변동이 있지만 리터당 대략 750원 정도

하고 차량 가격도 물론 한국보다 저렴하다. 이런 이유로 두바이에 취업하면 한국 청년들은 대부분 차를 구매하여 이용한다.

　운전면허 관련해서 주의할 점이 하나 있다. 외국인의 경우 관광 등 단기 체류의 경우 국제 운전면허증으로 차량 운행이 가능하지만, 취

중고차 약 1,000만 원

취업자 차 볼보

호텔 앞 벤틀리

호텔 앞 람보르기니

2017년 11월 기준으로 2년 된 중고 소형 SUV는 33,000디람(약 1,000만 원)이면 살 수 있다. 호텔 앞엔 람보르기니와 같은 고급차를 흔하게 볼 수 있다.

업 이후 거주 비자를 받고 거주증(Emirates ID)을 발급받은 후에는 현지 운전면허증을 보유해야 한다. 한국인의 경우 18세 이상으로 거주 비자 및 Emirates ID, 한국 운전면허증 소지자는 UAE 운전면허증으로 교환·발급받을 수 있다. UAE 대사관 또는 총영사관에서 한국 면허증을 영어로 번역 공증한 후 발급기관(RTA)에 제반 서류와 함께 소정의 수수료를 제출하면 UAE 운전면허 발급이 가능하다(2015년도엔 10년짜리 운전면허증을 발급해 주었는데 현재는 2년마다 갱신을 해야 한다). 아울러 UAE에는 외국인 노동자가 다수고 일정 기간 이후에는 본국으로 돌아가므로 중고차 거래가 활발한 편이다. 차량 역시 두비즐(www.dubizzle.com)에서 거래를 많이 한다.

• 대중교통은?

두바이에는 2개의 메트로 노선이 있는데 기본 이용 시 900원(3디람) 정도에 거리 비례로 최고 약 2,300원(7.5디람)까지 비용이 든다. 에어컨이 완비된 버스는 거리 비례로 책정되지만 대략 900원(3디람) 정도로 저렴하다. 메트로와 버스 노선이 많지 않은 편이라 UAE에서는 택시가 대중적으로 이용되고 있다. 택시는 기본요금은 1,500원(5디람)이지만 최소비용이 3,600원(12디람)이고 두바이 공항에서 탈 때는 기본요금이 7,500원(25디람)에서 시작한다. 메트로, 버스, 택시 외에 우버(카림)도 많이 이용하고 있다. 관광도시인만큼 Hertz, Avis 등 렌터카 회사도 많고 차량 렌트 비용도 비싸지 않은 편이라 하루 5만 원 정도면 소형차 이용이 가능하다.

• 은행 거래는?

현지 은행으로는 Emiratate NBD, Mashreq Bank, First Abu Dhabi Bank 등이 있고, Citi Bank, Standard Chartered 등 외국계 은행이 진출해 있다. 하나은행과 우리은행, 신한은행 등 국내은행이 진출해 있으나 소매금융(개인 간 거래)을 하지 않아 두바이 취업자가 이용할 일은 거의 없다. 은행 계좌 개설은 한국보다 까다로운 편이다. 2018년 기준으로 은행마다 다르지만 Citi Bank 같은 외국계 은행의 경우 최저 10,000 USD(약 1,100만 원)가 예치되어 있어야 하고 계좌 개설하는 데만 최소 1주 이상 소요된다. 여권과 비자, Emirates ID, 스폰서나 고용주의 동의서(NOC)도 필요하다. 주의할 점이 하나 있는데 대부분 은행에선 일정액 이상이 계좌에 예치되어 있지 않으면 매월 약 5 USD(약 5,500원) 정도를 수수료 등의 명목으로 징수한다. 그러므로 국내 복귀 및 타국으로 이직 시에는 반드시 현지 은행 계좌를 클로징 하고 가야 한다.

• 교육은 어떨까?

UAE는 일찍부터 교육을 중시해서 석유 수출을 통해 축적된 부(富)를 교육 부문에 투자를 강화해 왔다. 에미라티(UAE 자국민)의 경우 고등학교까지 수업료, 식사 등 일체가 무료로 제공이 된다. 다만 외국인의 경우는 미국처럼 학비가 비싼 편이다.

두바이 학교

두바이 대학(American Univ. of Dubai)

학교 모습은 우리와 크게 다르지 않지만, 외부인의 출입은 제한된다.

UAE에는 대략 100여 개의 대학이 있는데 최초의 국립대학인 아랍에미리트 대학(UAE Univ. 알아인 소재)을 비롯하여 칼리파 대학(Khalifa Univ.), 자이드 대학(Zayed Univ.) 등 많은 공립대학이 있다. 아부다비에는 450명 규모의 뉴욕대학, 600명 규모의 파리-소르본대학 등 해외 대학도 많이 있다. 두바이에는 미디어 시티에 3,000명 규모의 아메리칸 대학(American Univ. of Dubai)이 있고 Knowledge Village에 1,300명 규모의 미들섹스 대학(Middlesex Univ.)과 3,500명 규모의 울런공 대학(Woollongong Univ.) 등 영미(호주)권 대학이 있다. (2018 UAE 개황)

UAE 대학교에는 한국인도 20여 명 정도 재학 중인 것으로 비공식적으로 파악되고 있다. 한국인 교수도 하이어 칼리지(Higher College), 샤르자 아메리칸 대학(American Univ. of Sharjah) 등에 재직하고 있다.

실제 두바이 미디어 시티 한국 대기업 전자 회사에 다니는 취업자는 근무 중 틈틈이 공부하여 아메리칸 대학(American Univ. of Dubai)에서 MBA 학위를 받기도 했다. 아울러, 현지 명문대인 자이드 대학(Zayed Univ.)을 졸업하고 현지 은행인 FAB(First Abu Dhabi Bank)에 취업한 청년도 있다.

• 제일 궁금한 급여는?

해외 진출 시 가장 고려하는 것 중의 하나가 급여일 것이다. 해외취업 시 경력개발과 급여 둘 중 하나만 만족해도 성공적이라 볼 때 두바이에 취업하면 급여는 어느 정도 받을 수 있는지 알아보자.

아래는 글로벌 리쿠르팅 업체인 헤이즈(Hays)에서 매년 발표하는 UAE 직종별 급여 현황 중 일부 목록을 정리한 것이다. 사무직의 경우 물류(Supply Chain) 매니저는 평균 월 1,200만 원, 세일즈 매니저는 평균 월 750만 원, IT 매니저는 평균 월 900만 원, UI/UX 디자이너는 평균 월 600만 원, 엔지니어 매니저는 평균 월 900만 원 정도 받는 것을 알 수 있다.

UAE 직종별 평균 월 급여(Hays Salary Report)

사무직		디지털		엔지니어		한국인 취업자
- 물류 매니저 40,000		- IT 매니저 30,000 Data Scientist 35,000		- 건설 매니저 33,000 PM 40,000		- 디자인 사무 Account M 25,000
- 세일즈 **Account M** **25,000**	+	- 디지털 매니저 45,000 UI/UX 20,000	+	- 엔지니어 **매니저 30,000**	=	- 디지털 UI/UX 23,000
- 마케팅 매니저 35,000						- 엔지니어 매니저 25,000
- 신입 11,000						- 간호사 RN 26,000

※ 한국인 취업자 급여는 2018년 기준(단, 간호사는 2019년) Hays Salary Report 기준은 2019년
※ 단위 디람(1디람 = 300원)

그럼 한국인도 이 정도 급여를 받을 수 있는지 궁금할 것이다. 물론 한국인도 예외는 아니어서 비슷하게 급여를 받고 있다. 표 옆에 나와 있는 것처럼 글로벌 전시회사에서 일하는 Account Manager는 월 750만 원, 두바이 정부 기관에서 일하는 UI/UX 디자이너는 월 690만 원, 외국계 플랜트 회사에서 근무하는 매니저(PM)는 월 750만 원 정도를 받는다. 앞서 언급한 클리블랜드 병원(CCAD) 간호사는 월 780만 원 정도를 받고 있다. 여기서 언급한 급여는 대부분 경력직 기준이고 사무직 등 대부분 신입 월 급여 평균은 330만 원 정도다. 그러나 승진하거나 이직할 때 급여가 가파르게 상승하고 표에서 보듯 매니저로 승진할 시에는 급여가 두 배 이상 상승하게 된다. 앞서 말한 것처럼 두바이

는 소득세가 없어서 월급에서 공제되는 금액 없이 급여 그대로 거의 다 받는다. 아울러 건강보험도 회사에서 제공하므로 따로 공제하는 금액은 극히 적다.

• 비자 발급은 쉬울까?

해외취업 선호도가 높은 영미권 및 유럽 등으로 취업하려고 하면 늘 고민이 되거나 장벽이 되는 것 중의 하나가 비자이다. 비자 받기도 어려울뿐더러 비자 종류는 왜 이리도 많은지 따로 공부해야 할 정도다. 그렇지만 두바이는 취업하기 위해 Residence Visa 하나만 알면 된다.

취업하면 Residence Visa for Employment, 가족 비자면 Residence Visa for Family로 구별될 뿐 취업비자는 Residence Visa라고 알면 된다.

영미권처럼 영주권이 있지는 않지만, 비자를 계속 갱신하면서 거주할 수 있으며 비자 비용 등은 모두 회사에서 부담한다. 참고로, 비자 관련 정책은 UAE를 비롯한 GCC 국가 모두 거의 비슷하다. 물론, 사우디아라비아(KSA) 비자 받기가 다소 어렵지만, 영미권 국가들에 비하면 UAE를 비롯한 GCC 국가는 비자 받는 것이 수월한 편이라 볼 수 있다.

• 정착할 만한지?

날씨도 생각만큼 나쁘지 않고 한국에 우호적인 환성에 급여도 많은 편이고 비자도 어렵지 않게 받는다면 정착하기에 괜찮지 않겠냐는 생각을 할 수도 있다.

사실 두바이에서 취업한 이후 결혼한 커플이 많다. 커플 모두 취업한 상태에서 결혼하면 급여가 적지 않으므로 생활하는 데 크게 불편함은 없다. 앞서 언급 한 대로 주거 임차료는 비싸지만, 상대적으로 아파트 매매비용은 비싸지 않아 아파트를 구매하는 한국인 취업자도 많이 있는 편이다. 취업 3년 만에 두바이 아파트를 사기도 한다. 두바이에 있는 동안 취업 지원을 해 준 청년 중 결혼해서 UAE에 거주하고 있는 커플만 10쌍을 넘게 봐 왔으니 정착하기에 나쁘지 않은 듯하다.

• 두바이 일상?

그러면 두바이의 일상 즉 일과 후, 주말, 휴가 땐 뭘 하며 지낼까?

두바이에는 골프장이 많이 있는데 특히 에미레이트 골프장은 메트로가 다니는 시내에 있어 교통이 편리하고 여름 시즌 가격이 한국보다 저렴해서 많이 이용한다. 또한, 한국에선 거의 타볼 수 없는 럭셔리 보트도 그렇게 비싸지 않아 종종 이용한다(보트 하나를 10명이 4시간 렌트 시, 1인당 약 30,000원 비용). 한여름에는 실내에서 즐길 놀이 즉 실내 클라이밍, 당구, 볼링, 스케이트 등을 하며 지낸다. 두바이는 금요일이 휴일이라 목요일이 불목(한국의 불금)인데 이때는 클럽, 칵테일 바 같은 곳에서 술을 마시는 직장인이 많다. 또한, 대부분 아파트에는 수영장이 있어 연중 이용할 수 있다. 사막 사파리는 관광객들을 위한 좋은 체험 거리다.

◀ 골프장, 요트, 클럽
▼ 실내 클라이밍

메트로 바로 옆에 골프장이 있어 접근성이 좋다. 파도가 많이 치지 않아 연중 고요한 바다를 볼 수 있고 보트 타기도 좋다. 쇼핑몰 안에 실내 클라이밍이 있어 여름에 이용하기 좋다. 특히 목요일에는 술집에 사람이 많이 모인다.

| 자빌 파크 - K-식품 행사 | 미라클 가든 | 크릭 파크 |

두바이 프레임이 있는 자빌 파크에는 많은 행사가 열린다. 한여름을 제외하고 개장하는 사막 속의 정원 미라클 가든, 바다 옆에 있는 크릭 파크 역시 주말마다 가족, 친구들이 많이 모이는 장소이다.

그리고 생각보다 두바이에는 곳곳에 공원이 많이 있다. 주말엔 가족 단위로 공원에서 바비큐 파티를 하며 즐긴다. 또한, 한국 식품 알리기, K-Pop 축제 등 한국 관련 다채로운 행사도 많이 열린다. 여름을 제외하고 시즌제로 운영하는 미라클 가든은 사막 한가운데 대규모로 조성된 정원이라 신기하기도 하다.

휴가 때는 한국에 오거나 유럽 등 장거리 여행을 하지만, 3~4일 쉬는 연휴 때는 두바이에서 가까운 오만이나 요르단, 조지아 등 코카서스 3국을 많이 간다. 특히 오만 카사브(Khasab) 지역은 두바이에서 자동차로 2시간이면 갈 수 있어 무박 여행으로 인기가 많다. 스노클링 등 수상 스포츠를 저렴하게 이용할 수 있다. 그 외 와디 샤브(Wadi Shab) 지역은 잘 알려지지 않았지만 가 보면 후회하지 않을 여행지다. 그 외 페트라가 있는 요르단과 포도주로 유명한 조지아 또한 인기 여행지다.

조지아만큼 유명하진 않지만, 아르메니아는 한국인이 거의 살지 않는 지역임에도 한국에 대해 잘 알고 있었고 한국인에게 너무나도 친절하게 대해준 곳이기도 했다.

◀　오만 카사브
◀▼　요르단 페트라
▼　아르메니아 수도 예레반

두바이와 달리 오만은 천연의 자연환경을 그대로 보존하고 있고 두바이에서 자동차로도 여행할 수 있다. 그 외 가까운 요르단 및 조지아, 아르메니아 등으로 여행을 간다.

아울러 휴가 때 두바이에 있는 많은 한국 청년들이 아프리카 등으로 봉사 활동을 간다. 자기 시간과 비용을 내어 봉사 활동을 하기가 쉽지 않은 일임에도 오히려 봉사를 통해 더 많은 것을 배울 수 있기에 기쁘다고 말하는 청년들을 많이 볼 수 있었다. 나 또한 그동안 이런저런 이유로 봉사 활동을 하지 못해서 나름 큰마음을 먹고 아프리카 의료 봉사에 참여했다. 케냐 나이로비에서 차를 타고 몇 시간을 가야 나오는 그런 외

| 아프리카 케냐 의료 봉사 | 케냐 봉사 활동할 때 아이들과 함께 놀아 주기 |

적도 지역이라 그런지 강렬한 햇빛에 10분 만에 검게 타기도 했던 케냐 의료 활동 모습. 의료진들이 치료하는 동안 나는 서류 등 행정 지원을 하고 아이들과 놀아 주는 일을 맡았다.

진 동네로 가서 봉사 활동을 했다. 의료진이 동네에 온다는 소식에 온종일 걸어서 온 다른 동네 주민들도 많았다. 그런데 가진 것도 많이 없는 아이들이었지만 뭐가 좋은지 항상 웃고 있는 아프리카 아이들의 해맑은 모습을 보니 그동안 일상생활에 감사하지 못했던 나의 모습이 부끄럽기까지 하였다. 또한 해외 진출한 한국 청년들이 누가 알아주지도 않아도 해외에서 정성껏 봉사하는 모습을 보니, 한국 청년들은 세계 어디를 가도 성공할 수 있을 거라는 강한 믿음마저 생기기도 하였다.

이렇게 두바이의 취업환경, 생활환경 등에 대해 알아봤다. 그러면 이제 본격적으로 두바이에 취업할 만한 좋은 일자리는 어떤 것이 있고, 한국 청년은 어디에 얼마나 취업했는지 알아보자. 그리고 두바이 취업자는 취업의 추월차선을 타고 자신만의 경력을 잘 살리고 있는지도 살펴보자.

Ⅲ. ——————— 취업의 추월차선

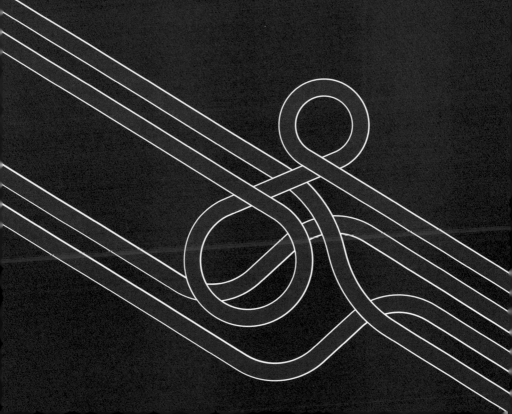

두바이 다운타운 및 DIFC(두바이국제금융지역) 모습. 두바이가 중동의 뉴욕이라 불리는데 DIFC
는 두바이 금융의 핵심 지역으로 다른 지역과 달리 별도의 규정이 존재하는 곳이기도 하다.

1. 어디로 취업해 볼까?

일반적으로 '두바이 취업'하면 항공 승무원 혹은 건설직 엔지니어를 생각한다. 중동 취업 관련 자료를 보면 두바이의 유망 직종으로 승무원, 호텔, 보건, 건설·플랜트 등을 소개하고 있는데, 과연 한국 청년들에게 실질적으로 유리한 유망 직종일까?

항공 승무원(지상직 포함)

UAE에는 에미레이트, 에티하드, 플라이 두바이, 에어 아라비아 4개의 항공사가 있다. 이중 플라이 두바이, 에어 아라비아는 LCC 항공으로 중동지역 위주의 단거리 비행을 많이 하고 있고 한국 비행은 없어 한국에는 잘 알려지지 않은 항공사이다. 입사할 때에는 에미레이트와 같은 메이저 항공사를 선호하지만 입사 후 만족도를 물어보면 비공식적이지만 플라이 두바이 승무원들의 만족도가 더 높다. 에미레이트 항공은 야간 비행과 불규칙한 비행 일정이 많아 체력적으로 힘들다. 플라이 두바이는 단거리 위주의 퀵턴(체류하지 않고 바로 돌아오는 비행)이 많고 일정 기간 근무 후에는 비행 일정 조정이 가능하다 보니 만족도가 높은 듯하다.

　대부분의 항공사는 채용 방법에 있어 누구나 다 지원할 수 있는 오픈 데이(Open day)와 인비테이션을 받은 사람이 지원할 수 있는 어세스먼트 데이(Assessment day)의 2가지 방식을 병행하고 있다. 키(160cm), 암리치(212cm) 등 일정 신체조건을 요구하는 경우가 대부분이며 나이는 한국만큼 절대적이지 않은데 30대도 충분히 가능하다. 플라이 두바이 같은 경우엔 관련 경력이 있다면 40대도 취업할 수 있다. 외항사가 서비스직인 만큼 영어로 의사소통에 문제는 없어야 한다. 물론 한국처럼 토익 성적표 등 영어 성적을 요구하지는 않는다.

　승무원 급여 등은 항공사 홈페이지에도 공지된 것처럼 기본급 + 비행 수당 + 퍼듐(해외 체재비)으로 이루어지는데 대략 에미레이트 항공사 기준 한 달 평균 10,000디람(300만 원) 정도 받는다고 보면 된다. (에미레이트 항공 홈페이지) 숙소를 제공하고(방 2~3개짜리 아파트에 1인 1실) 전기, 수도, 관리비 등을 회사에서 부담한다. 결혼 등의 이유로 독립 시에는 주거 수당(월 130만 원 정도) 및 교통 수당을 별도 제공한다.

그 외 두바이 곳곳에서 사용 가능한 할인 카드가 제공되고 승무원이라는 이유만으로 일부 5성급 호텔 수영장을 무료로 이용하기도 한다.

급여가 다른 직종에 비해 월등히 많은 것은 아니지만 가구 등이 완비된 아파트가 무료로 제공되고 전기, 수도, 관리비도 낼 필요가 없으니 방값 비싼 두바이에선 좋은 점이다. 또한, 소득세도 없고 회사에서 건강보험에 가입해 주는데 본인이 내는 비용도 거의 없다. 참고로 두바이는 미국처럼 병원비가 비싸서 그만큼 건강보험 가입하는데 비용이 많이 든다. 급여와 복지를 고려해 볼 때 계획만 잘 세우면 저축도 많이 할 수 있다. 보통 승무원들의 씀씀이가 크다고 생각하지만, 생각보다 알차게 자금 관리를 잘하는 승무원도 많이 보았다. 급여의 반 이상을 저축하는 승무원도 많았고 잘 모아서 집을 사는 승무원도 보았다.

지상직의 경우 두바이 공항 지상직은 같은 에미레이트 그룹 내 직원이지만 Dnata(공항 서비스 업체) 회사 소속이다. 지상직은 급여가 많지 않지만, 업무 자체가 복잡하지 않고 비행에 부담이 없어 심플한 삶을 원하는 경우에 적합하다. 실제로 결혼 후 자녀가 있는 경우 근무하기에 부담이 없어 그만두지 않고 계속 다닌다. 두바이 공항에도 적지 않은 한국 청년들이 지상직으로 근무를 하는데 활동적인 사람에게는 다소 맞지 않고 적은 급여 등의 이유로 두바이 내 다른 회사로 이직을 많이 하는 편이다.

실리콘오아시스

바샤 하이츠(티콤)

다운타운

공항근처

아파트 내부

승무원 숙소는 바샤 하이츠(티콤)부터 공항 근처까지 곳곳에 있다. 다운타운 주위에 거주하는 경우 주거 만족도가 높고 사람같이 외곽에 거주할 경우 만족도는 낮은 편이다. 건물 외관은 다르지만, 실내는 대부분 2베드 혹은 3베드로 형태는 비슷하다. 가구, 침대 등이 완비된 방안에 화장실이 있으며 게스트 화장실은 별도 있다. 건물에는 수영장, 피트니스 센터가 완비되어 있다. 한국과 달리 천정이 높은 편이다. 앞서 언급했듯이 전기, 수도, 관리비 전무 무료다.

두바이 공항 지상직은 보통 한국에서 민간 에이전시를 통해서 취업하는데, 2016~2017년도에 30명 정도가 채용되어 근무했었다. 급여는 승무원과 달리 비행 수당 등이 없어 기본급만 받는다. 숙소가 제공되며 숙소에서 지내지 않을 시 주거 수당이 별도로 주어진다.

사무직

UAE에서 한국 청년이 가장 많이 진출해 있는 분야 중 하나는 사무직이다. 사무직은 사실 영업, 물류, HR, 마케팅 등을 포함하다 보니 그 범위가 넓은 편이다.

두바이에는 한국 기업들이 많이 진출해 있고 진출한 기업 중 중동·아프리카 전체를 담당하는 본부가 두바이에 있다 보니 사무직 채용은 꾸준히 있었다. 삼성, 엘지, 현대, 기아 등 국내 유수의 대기업이 두바이에 법인을 두고 있다. 두바이는 물류가 중심이다 보니 사무직 중에서 물류 수요가 가장 많고 영업, 세일즈, 마케팅 분야도 많은 편이다. 특히 2018년 이후로 부가세 부과에 따라 회계직 수요가 많이 늘고 있다. 사무직의 경우 대부분 신입으로 채용이 되었다. 경력직의 경우는 세부 경력 사항까지 맞춰야 하다 보니 상대적으로 취업이 적었다.

급여는 사무직 신입의 경우 두바이에 있는 국내 대기업 법인이 외국계 회사보다 급여가 많은 편이다. 대략 월 360만 원에서 500만 원 정도

이다(2016년 기준). 외국계 기업 사무직 역시 다른 직종처럼 매니저가
되긴 전까지 급여가 많은 편은 아니다.

호텔

두바이는 관광의 도시인만큼 5성급 호텔이 많이 있는데, 2020년 기
준 5성급 호텔만 약 150개다. (두바이관광청) 서울에 5성급 호텔이 25개
가 있으니 매우 많다고 볼 수 있다. (문화체육부) 5성급 호텔 중 두바이
자체 호텔 브랜드도 많다. 앞서 언급한 두바이 홀딩스 산하 주메이라
(Jumeirah) 호텔그룹과 두바이 투자공사(ICD) 산하 이마르(Emaar) 호
텔그룹이 두바이 럭셔리 호텔을 주도하고 있다. 주메이라 그룹에는 7
성급 호텔로 잘 알려진 버즈 알 아랍과 독특한 외관을 자랑하는 주메
이라 비치, TV 프로그램 〈런닝맨〉에도 나왔던 마디낫 주메이라 등이
유명하다. 이마르 호텔그룹에는 버즈 칼리파내에 세계적인 디자이너
아르마니가 디자인한 아르마니 호텔(Armani)과 다운타운 지역의 팰
리스 다운타운(Palace Down Town), 어드레스(Address) 등이 잘 알려
져 있다. 특히 팰리스 다운타운(Palace Down Town)은 두바이 신혼부
부에게 야외 결혼사진 찍기 좋은 곳으로 널리 알려져 있기도 하다.

두바이 자체 호텔 브랜드뿐만 아니라 전 세계 글로벌 체인 호텔 1위인
메리어트(Marriott)부터 인터컨티넨탈 호텔 그룹(IHG), 힐튼(Hilton), 아

코르(Accor) 등 전 세계 10위권 체인 호텔 대부분이 두바이에 진출해 있다. 보통 글로벌 체인 호텔은 전 세계에 있는 만큼 다른 국가로 이직 시에도 같은 체인 호텔로 이직을 하는 경우가 많다. 물론 비자 여건 및 채용 환경이 맞아야 하는 것은 기본이다.

◀　　주메이라 비치
◀▼　마디낫 주메이라
◀▼▼ 팰리스 다운타운
　▼　버즈 칼리파 아르마니

주메이라 비치 호텔도 규모가 엄청 큰데 321m 높이의 버즈 알 아랍과 비교 하면 작게 느껴진다. 마디낫 주메이라에는 알 카슬(Al Qasr), 미나 아 살람 등 4개의 호텔이 있다. 호텔 안에는 피어칙, 팟타이 등 두바이를 방문하면 꼭 가봐야 할 식당도 많다. 아르마니 호텔은 버즈칼리파 내 일부분(39층 까지)을 사용한다. 팰리스 다운타운 팁 타라 식당은 분수 쇼를 보기 가장 좋은 장소 중 하나다.

우리가 아는 쉐라톤이나 노보텔 등은 대개 체인 호텔의 브랜드라서 스타우드나 아코르 하면 잘 모르는 경우가 많다. 글로벌 체인 호텔은 고객 타깃별로 3(4)성급부터 5성급까지 등급화해서 고객 맞춤형으로 운영을 한다. 메리어트 호텔 그룹을 보면 세인트 레지스(St. Regis) 등 초호화급이 있고 그다음 웨스틴(Westin) 등 고급, 포 포인츠(Four Points) 등 비즈니스로 구분한다. 표에 나온 것처럼 고급이상이 5성급 호텔이라 생각하면 된다. 다만 국가별로 차이는 있는데 노보텔은 두바이에선 4성급이지만, 서울에선 5성급으로 운영되기도 한다.

메리어트(스타우드)	아코르	힐튼
- 럭셔리 St.Regis, W, Jw Marriott - 고급 Westin, Sheraton, Marriott - 비즈니스 Four points, Court yard	- 럭셔리 Sofitel, Fairmont - 고급 Raffles, Movenpick - 비즈니스 Novotel, Mercure, Ibis	- 럭셔리 Waldorf Astoria - 고급 Conrad, Hilton - 비즈니스 Garden Inn, Double tree

※ 호텔그룹별 브랜드 : 메리어트, 아코르, 힐튼 홈페이지

5성급 호텔은 한국에선 입사하기가 어렵지만, 두바이에는 5성급 호텔이 워낙 많다 보니 한국보단 입사하기 수월한 편이다. 럭셔리 컬렉션, 르 메르디안, W, Westin, Jw Marriott 등 5성급 호텔에 한국인 채용이 활발했고 많을 때는 20명 정도 근무했다. 한국 청년은 프런트직을 선호하는데 프런트 중 리셉션이나 Guest Service 부서에서 근무한다.

F&B의 경우 Server, Barista, Hostess 등으로 근무를 하고 조리 분야는 Commi 1, Chef로 많이 근무했다. 글로벌 체인 호텔은 직원 교육 등이 잘 정비되어 있어서 크로스 트레이닝을 통해 F&B에서 근무하다가 Front 교육을 받고 직무를 변경하기가 어렵지 않다. 인터콘티넨털 호텔그룹(IHG)의 경우는 빠른 승진자 교육프로그램도 활성화되어 있어서 6개월 만에 승진하기도 한다.

호텔 급여는 두바이의 대부분 서비스직처럼 낮다(승무원 제외). 한국처럼 최저임금제를 시행하고 있지 않기에 더욱 낮은 듯하다. 그렇지만 비자, 건강보험, 숙소, 식사, 교통(셔틀버스) 등을 제공하고 있고 호텔 경력개발을 위해 디딤돌로 거쳐 가기엔 괜찮은 듯하다. 한국에서 호텔 관련 고등학교나 2년제 호텔 관련 대학을 졸업하고 두바이 5성급 호텔로의 진출은 좋은 경력개발이 되리라 여긴다. 스위스 호텔 학교에서도 6개월 정도 두바이에 있는 글로벌 체인 호텔에 인턴으로 실습을 오는 경우가 많은데 이 경우엔 월급이 거의 없다.

보건·의료(간호사)

두바이는 한국 간호사가 진출하기 좋은 환경을 갖고 있다. 우선 한국보다 근무환경이 좋다. 대부분 한국 병원에서 간호사는 밥을 마신다는 표현을 할 만큼 바빠서 밥 먹을 시간조차도 없다고 한다. 그런데 이

곳 UAE에선 일근직도 있고 업무에 따라 다르긴 하지만 교대근무를 해도 충분한 휴식이 부여되기에 한국보다 훨씬 근무환경이 좋다(클리블랜드 병원의 경우 주 35시간 근무). 한국처럼 수직적인 위계질서가 아닌 동등한 관계라서 일하는데도 그만큼 스트레스가 적다고 한다.

급여는 한국과 비슷하거나 많이 받는다. 클리블랜드 병원 간호사의 경우 기본급 + 수당 + 주거 보조 + 항공권 등 모두 포함해서 일 년에 약 9,600만 원을 받는다. (2019년 기준, 월드잡 취업자 인터뷰) 물론 여기엔 세금이 없으므로 급여 전액이 실수령 금액이다.

간호사 취업을 하기 위해서는 현지 면허가 필요한데, 현지 면허 취득 요건은 3년 이상의 간호학 졸업 및 2년 이상의 임상 경력을 갖춰야한다. 병원 채용 시 면접에 합격한 후 현지 면허를 취득해도 되고 면접 전에 현지 면허를 취득해도 된다. 면허 요건은 최저 요건이라, 한국인이 진출하고자 하는 클리블랜드 클리닉, 두바이 아메리칸 병원, 메디 클리닉 등 대형병원의 경우 4년제 간호학사, 관련 업무 경력 3년 이상, BLS를 요구하며 IELTS 6.5 이상 및 NCLEX를 소지하고 있으면 유리하다.

미국 간호사 진출을 위해 두바이 등을 거쳐 가는 간호사들이 많이 있다. 그런데 꼭 미국 진출을 생각하지 않더라도 두바이는 현지에서 충분히 정착해 살기 좋은 곳이기도 하다. 급여도 많이 받을 수 있고 아파트 및 통근버스 제공 등 복지도 좋은 편이다. 물론 업무 환경도 자유롭다. 그래서인지 간호사로 취업하고 미국 등으로 진출하지 않고 두바이 현지에서 결혼하고 정착하는 경우도 있다.

건설·플랜트·원전

아랍에미리트 아부다비 바라카 지역에 진출한 한전, 한전KPS, 한수원 등 원전 관련 기업 및 삼성, 현대건설 등 건설 관련 기업에서 현장 관리를 위해 한국인을 채용하는 경우가 많다. 관련 엔지니어뿐 아니라 회계, 주택과 차량 관리, 총무 등을 하는 사무직 또한 많이 채용하고 있다. 사무직의 경우 영어 구사 능력 외에 별다른 경력을 요구하지 않는 공고도 많이 있어서 무경력 대졸자나 졸업 예정자도 지원할 수 있다. 한전, 한수원 등에 근무하거나 인근 바라카 지역에 있는 한국 기업에 다니다가 에미레이트 원자력 공사(ENEC) 혹은 바라카 원전 운영회사인 나와(Nawah Energy Company)로 이직하는 경우도 많이 있다.

그 외 두바이에는 쌍용건설, 현대건설 등 건설 관련 회사가 있는데 관련 경력 엔지니어, 사무직(회계) 등을 채용하고 있다. 해양 플랜트 분야는 예전에는 채용이 활발했지만 2017년 이후 저유가 영향 등으로 사업의 어려워져 채용이 많이 감소되어 이루어지지 않고 있다. 2018

년 기준으로 아부다비에 있는 Future Pipe Industries 같은 외국계 회사에는 한국인 매니저가 근무하고 있지만, 현재 채용은 이루어지진 않고 있다. 아부다비 석유공사(ADNOC) 같은 석유 관련 회사도 몇 년 전까지 한국에서 채용도 진행하였지만 저유가 영향 등의 이유로 채용 수요는 많이 감소했다. 또한, 2014년부터 아부다비 석유대학원(PI)*에 한국 청년들이 입학하고 졸업하였지만, 채용으로 연계되진 못했다.

급여 수준은 외국계 기업 엔지니어일 경우 매니저급은 최소 연봉 1억 원 이상을 받는다. 아부다비 석유공사(ADNOC) 10년 이상 관련 경력자는 비공식적이지만 최소 3억 원 이상으로 알려져 있다. ENEC 등 원전 관련 에미라티 회사(현지 기업)의 경우 매니저급이 아닌 직원도 연봉 1억 원 이상이다. 그러나 한국 건설 관련 회사나 원전 관련 직원의 경우는 4,000만~5,000만 원 수준이다. 그렇지만 이 경우엔 주거 및 식사가 무료로 제공되므로 월급을 모으고 경력을 쌓기엔 괜찮은 곳이라 본다.

---

* PI(Petroleum Institute) : 아부다비 석유공사(ADNOC)가 운영하는 대학으로 학비면제, 매월 소정의 수당 지급, 기숙사 제공, 무엇보다 졸업 후 아부다비 석유공사 취업 등의 혜택이 주어졌다. 참고로 ADNOC 신입 연봉은 1억 원 정도로 알려졌다(2015. 11. 6. 연합뉴스). 그러나 저유가 영향으로 한국인 PI 졸업생들은 실제 ADNOC으로 취업이 되진 않았다.

디자인

두바이는 영어권 국가라 해외에서 디자인 경력을 시작하기에는 좋다. 특히 두바이가 전시 전문 행사가 많다 보니 관련 직종 수요가 많은 편이다. 원래는 2020 엑스포가 예정되어 있었는데 코로나로 2021년으로 연기가 되어서 현재는 디자인 관련 분야 채용이 많이 감소한 상황이다. HSAd, 제일기획 같은 한국 대기업부터 Pico 등 글로벌 전시 전문 업체로 진출할 수 있다. 전시 전문 업체뿐 아니라 에미레이트 항공, Mashreq Bank 같은 일반 회사, Smart Dubai Goverment 같은 정부 부처로도 진출할 수 있다. 보통 두바이에 있는 한국계 회사로 진출한 이후 HSAd 같은 대기업이나 Pico 같은 글로벌 전시 업체로 이직을 한다. 한국 중견 기업이나 HSAd에 다수의 한국 청년이 취업했고 Pico 에는 한국인으로 구성된 팀까지 있다. Mashreq Bank, 에미레이트 항공 및 두바이 정부에까지 한국 청년이 진출했다.

급여는 글로벌 기업 매니저의 경우 연봉 9,000만 원 정도이고 두바이 한국 대기업 디자인 회사도 이와 비슷하다. 두바이 일반 사무직보단 연봉이 많은 편이다.

여행사 등 서비스

두바이는 관광이 주된 산업으로 UAE의 관광산업은 두바이를 중심으로 발전하고 있다. 7성급 호텔로 널리 알려진 버즈 알 아랍, 세계 최고층 버즈 칼리파, 세계 최대 쇼핑몰인 두바이 몰 등을 중심으로 관광 지역을 확대하고 있다. 계절에 상관없이 연중 관광객이 많이 오다 보니(물론 한여름엔 관광객이 대략 절반으로 감소) 그에 따른 투어가이드 등 여행 관련 산업도 많이 발달해 있다. 소규모의 한국 여행사부터 리다 인터내셔널 등 중동 모든 지역을 커버하는 외국계 여행사까지 이름있는 여행사만 해도 두바이 전역에 수십 개가 있다.

여행사는 급여가 월 200만 원 정도로 많지 않지만 서비스 마인드에 의사소통 가능한 영어 실력을 갖추고 있으면 무경력자도 다소 쉽게 진출할 수 있다. 여행사에서 일하면서 가이드 자격증을 따면 인센티브도 많이 받을 수 있고 단독으로 여행 가이드도 할 수 있다. 개인사업자 형태의 여행 가이드를 하면 영업력에 따라 다르지만 많게는 월 1,000만 원, 보통 월평균 500만 원 정도 수입이 발생할 수 있다(물론 코로나 시대인 현재 상황은 예외다).

2. 어디에 취업했을까?

　두바이 유망 직종을 알아봤는데 그럼 한국 청년들이 어느 직종에 어떻게 취업했을까? 아래의 표는 2015년 6월 1일부터 2018년 5월 31일까지 기준으로 내가 두바이에 있는 동안 취업을 지원했던 취업자 현황이다. 물론 중동지역으로 진출한 취업자는 이보다 훨씬 많다. 아울러 두바이에서 해외취업 업무를 하면서 취업이 된 청년을 대상으로 직종별로 합격 수기를 받아 월드잡에 올렸는데 그중 일부를 이하 내용에서도 소개해 볼까 한다.

두바이(UAE) 취업자 현황(139명/2015. 6. 1.~2018. 5. 31.)

	직종	주요 직무	인원	주요 취업 기관	평균연봉
1	사무	영업, 세일즈 마케팅, 홍보	80	LG, Samsung, 아모레퍼시픽, 모트렉스, H.H.I 관광공사, 한수원, 농수산유통공사, 문화원	4,600만 원 (`16~`17년 취업자 평균연봉)
2	호텔	Front, F&B, Chef	25	W, Jw Marriott, Accor, EMAAR, IHG, Westin Luxury Collection, Le Royal Meridien	
3	보건	간호사	10	CCAD, SKSH, American Hospital	
4	디자인	UI/UX, 전시	10	HSAd, Pico International, Mashreq Bank	
5	기타	회계, 여행사무	14	OnegeAccount, Woori Bank, Hana Bank Rida International	

※ 연봉은 2016~2017년 취업자의 평균연봉으로 호텔, 승무원 취업자는 제외된 수치임/ 회계는 기타에 포함

승무원

승무원은 보통 오픈 데이와 한국에서 진행되는 에이전시를 통해 채용한다. 표에서 본 바와 같이 내가 직접 채용 지원을 하지는 않았다. 그럼에도 승무원 채용 관련하여 두바이에서 간접적으로 지원을 했고 승무원에서 타 직종으로 이직할 경우에도 지원을 했기에 현황에 포함했다.

- 어디에 근무하나?

2012년부터 2015년 초까지 3년 정도 한국에서 에미레이트 항공 승무원 채용이 거의 없었다. 그러다 2015년 내가 두바이로 파견 나올 즈음 한국에서 대규모 채용을 진행했는데 2015년부터 2016년까지 채용된 한국인 승무원만 300명이 넘었다. 아울러 내가 두바이에 있었던 3년 동안(2015~2018)은 에미레이트, 에티하드, 플라이 두바이, 에어 아라비아 항공사 모두 한국인 승무원을 대규모로 채용해서 2010년 이후 한국 청년들이 가장 많이 승무원으로 진출한 시기이기도 했다.

두바이에 있는 동안 에미레이트 항공에는 한국인 승무원만 대략 600명에서 많을 땐 960명까지 근무했다. 에티하드는 대략 40명에서 80명, 플라이 두바이는 30명에서 60명, 에어 아라비아는 20명에서 50명 정도 근무했다. 물론 코로나로 2020년 12월 현재 많은 승무원이 그만두거나 장기휴가를 간 상태이다. 참고로 2020년 10월 현재 에미레이트 항공 한국인 승무원은 약 450명까지 줄어든 상황이다. 한편, 두바이 공항 지상직은 앞서 언급한 것처럼 보통 한국에서 민간 에이전시를 통해서 취업했는데 2016~2017년도에 30~40명 정도 채용되었다.

- 어떤 사람이 채용되나?

구직자의 입장에서는 어떤 사람이 채용되는지 가장 궁금할 것이다. 승무원의 경우, 스펙이 정말 다양하다. 승무원학과 출신뿐만 아니라 간호학, 교육학, 영문학 등 전공이 다양하다. 경력이 있는 경우 유치원 교사, 바리스타, 영어 강사, 일반 사무, 인턴 등 정말 다양했다. 물론 대학 졸업 후 바로 취업한 경우도 많았고 특히 3학년 재학 중에 합격한 경우도 있었다. 스펙, 경력 등은 다양해도 합격자들의 공통점을 하나 뽑는다면 하나같이 자신감이 있었다는 데 있다. 월드잡에 업로드된 28인 28색 취업자 영상에서도 볼 수 있겠지만 합격자들이 이구동성으로 말하는 합격 비결은 자신감이다. 자신감이 합격 비결이라는 것에 공감이 잘 안 될 수도 있다. 하지만 외국인 인사 담당자와 얘기해 보면 한국 청년은 능력이 출중함에도 다소 소극적인 모습을 보이는 경우가 많아 자신감이 없어 보인다는 말을 하곤 한다. 해외취업, 특히 면접이 중요한 승무원 직종 같은 경우엔 합격에 있어 자신감 있는 태도가 제일 중요한 요소라 볼 수 있다.

에미레이트 항공

기회는 준비된 자에게 온다는 말이 정말 틀린 게 아니라는 것을 느꼈습니다. 애초부터 목표가 외항사 또는 해외기업에서 근무하는 것이었기에, 대학교 4년 동안 영어 공부를 꾸준히 해 왔고 관련 봉사 및 대외활동 경험을 쌓아 왔습니다. 이외에도 해외, 특히 항공사에서는 학력보다 서비스직 근무경력을 중요시하기 때문에 다양한 아르바이트를 통해 관련 경험도 쌓았습니다.

취업의 당락을 결정하는 면접에 합격하려면 최소 30분 이상 영어로 자신을 표현해야 합니다. 그렇기 위해서는 자신만의 독창적인 경험 이야기가 필수적이며 늘 준비되어 있어야 합니다. 특히 해외기업은 국내기업처럼 상, 하반기로 정기채용을 하는 것이 아니라 예측 불가한 채용을 여는 경우가 대부분이기 때문에, 자기 자신에 대해 잘 알고 늘 준비된 마음가짐이 더욱 중요합니다.

[에미레이트 항공 2015년 취업자]

그다음이 아마도 합격자 수기에 나오는 것처럼 준비성일 것이다(참고로 합격자 수기에 나오는 승무원은 2021년 1월 현재도 승무원으로 재직하고 있다). 코로나로 취업이 어려운 지금 같은 상황에선 채용공고가 영원히 안 날 거 같다는 생각이 들 수 있다. 이럴 때일수록 마음을 가다듬고 꾸준히 준비하는 게 중요하다. 후반부에서도 언급하겠지만 비대면(언택트) 시대를 맞아 집에서 혼자서도 준비를 잘 할 수 있도록 취업자 인터뷰, 승무원 Vlog, 수준별 클래스 등을 영상으로 제작하여 언제 어디서든 시청할 수 있도록 월드잡에 업로드해 놓았다.

한편, 승무원 취업자와 관련하여 특이한 점이 있다. 승무원인 언니, 동생을 따라 두바이에 놀러 왔다가 취업한 경우도 있다는 것이다. 에미레이트 항공 승무원의 경우 거주하는 아파트에 친구나 동생 등이 한 달 정도 같이 지낼 수 있는데 아파트에 머무르면서 일자리를 알아보기도 한다. 이런 잠재적인 구직자를 대상으로 이력서를 받아 면담하고 기업에 연락하여 채용 지원을 했다. 그 결과 메리어트 계열 럭셔리 컬렉션 호텔 프런트직에 취업하거나 삼성전자 두바이에 취업하기도 했다.

승무원만큼 취업 전·후의 상황이 급격하게 변하는 직종도 흔치 않은 거 같다. 취업 전에는 모든 것이 좋게 보이고 평생 비행할 수 있다는 생각을 하며 입사를 하지만, 취업 후에는 불규칙한 수면과 식사 등의 이유로 계약된 3년만 채우고 한국으로 복귀하는 승무원이 많은 편이다. 그래서인지 어디서든 잘 자고 잘 먹을 수 있으면 승무원 생활의 반은 성공이라는 말이 괜히 나온 것은 아닌 듯하다.

사무직

• 어디에 근무하나?

두바이에 있는 3년간 사무직으로 진출한 경우는 80명 정도다. 엘지전자, 삼성전자, 아모레퍼시픽, 우리은행, 현대중공업 등에 대부분 신입직으로 채용이 되었다. 두바이가 물류 중심지인 만큼 물류직으로 가장 많이 채용되었고 영업, 세일즈, 일반 사무 등의 순서로 채용이 되었다. 두바이에는 외국계 기업도 많이 있지만, 거의 경력직 위주로 채용하다 보니 신입으로 외국계 기업에 채용된 경우는 많이 없었다.

• 어떤 사람이 채용되나?

두바이 엘지전자에 취업한 민소O 씨는 수기에서 말한 바처럼 남들이 가지 않은 곳을 염두에 두고 남들처럼 한국에서 지원만 한 것이 아니라 현지에 직접 와서 적극적으로 취업 시장에 뛰어들었던 것이 합격의 포인트라 말하고 있다.

두바이 모트렉스 회사에 취업한 박효○ 씨 역시 준비 없이 무작정 지원하는 것이 아니라 해당 국가에 여행도 한번 가 보면서 탐색하는 것도 좋은 방법의 하나라 말하고 있다. 사실 박효○ 씨는 엘지전자에 다니는 민소○ 씨 친구다. 두바이에 놀러 왔다가 월드잡 채용공고를 보고 지원하여 합격한 케이스다. 두바이는 남성 중심, 경력자 위주로 채용이 진행된다고 생각을 하지만 사무직의 경우 의외로 여성 취업자가 많다. 해외취업자 전체 비율도 남성보다 여성의 비율이 높긴 하지만, 내가 취업 지원하여 성공한 두바이 사무직 역시 여성 비율이 60%를 넘었다.

사무 영업직

해외취업을 하겠다는 마음이 확실해지고, 실천계획이 정해진다면 일단 행동을 통해 다양한 정보를 알아보기를 추천해 드립니다. 그리고 해외취업을 희망하는 국가에 여행 겸 한번 가 보시는 것을 추천해 드립니다. 최소 몇 년 동안 거주하고 일할 곳이기 때문에 그 국가가 어떤 이유에서든 자신이 원하고 살고 싶은 국가가 정말 맞는지 이상적인 측면만 보지 마시고 현실적인 자세한 정보를 얻고 취업하시는 게 좋다고 생각합니다. 취업 후에 다양한 이유로 적응하지 못해 한국에 돌아가는 경우도 많기 때문입니다. 그리고 현지에서 면접 기회가 더 많을 수 있습니다.

[두바이 모트렉스 2017년 취업자]

사무직으로 해외 진출을 고려할 때 미국 J1 비자를 받고 인턴으로 가는 것도 좋은 경험이 될 수 있지만, 정식 취업비자를 받고 갈 수 있는 두바이 취업을 고려해 보는 것도 좋을 듯하다.

호텔 및 서비스

• 어디에 근무하나?

두바이 W, Westin, St. Regis, Jw Marriott, Luxury Colection, Le Royal Meridien, Emaar Hotel Group, Armani 등에 차례로 한국 청년이 채용되었다. 2016년도 초기엔 Al Habtoor 그룹의 W, Westin 호텔에 많이 취업했고 후반기엔 에미레이트 항공 소유의 럭셔리 컬렉션(Luxury Colection), 르 로얄 메르디안(Le Royal Meridien) 호텔로 많이 취업했

다. 그 외 인터컨티넨탈 호텔(IHG) Holiday inn으로도 취업하여 20여 명이 진출했다.

직무는 주로 Front, F&B(식음료), Commi(조리)로 채용되었다. 급여가 적어도 두바이 호텔로 취업하러 오는 이유 중의 하나는 5성급 호텔 경력을 쌓아 더 나은 곳으로 가기 위해서다. 이런 경우에는 보통 1년이 지나면 해당 호텔에서 승진하거나 다른 국가로 이직한다. 또 다른 이유는 승무원으로 가기 위한 디딤돌로 생각하고 오는 경우다. 실제로 두바이 호텔에 취업한 이후 승무원으로도 많이 진출했다. 물론, 1년 만에 한국으로 복귀하는 경우도 있다. 이런 경우에는 국내 같은 5성급 체인 호텔로 이직하거나 다른 분야로 전직한다.

호텔 관련 고등학교나 2년제 대학을 졸업한 경우, 호텔 진로에 뜻이 있어 두바이에 진출한 경우엔 그렇지 않은 사람보다 보통 오래 다닌다. 물론 이 경우엔 승진도 빨리하고 타 국가로 승진해서 이직하기도 한다.

• 어떤 사람이 채용되나?
채용된 20여 명을 보면 호텔관련학과 출신이 30% 정도였고 인문, 상경, 이공계 등 전공도 다양했다. 대부분 무경력이었지만 조리 분야는 관련학과나 조리 경력이 필수인 만큼 경력자가 많았다.

양영○ 씨는 호텔과는 상관없는 이공계 출신으로 2016년 르 로얄 메르디안(Le Royal Meridien)에 F&B로 입사를 했다. F&B 업무를 하면서 6개월 동안 Front 교육을 이수한 후 예약부서(Front-Reservation)로 직무 변경을 했다. 입사 1년이 될 즈음 몰디브 호텔로 이직에 성공했다. 여기서 1년을 보낸 후 인도네시아 W 호텔로 이직을 했고 지금은 스위스 대학원에서 공부하고 있다.

두바이 호텔 취업에 대해 저임금에 고생만 하다 온다고 비판하는 사람도 있다. 하지만 국내 5성급 호텔보다 취업하기 수월하고, 다인종 다문화 속에서 경쟁함으로써 더 나은 미래를 준비하는 사람에겐 두바이 5성급 호텔에서의 경력은 나름 매력적인 곳일 수도 있을 것이다.

간호사

• 어디에 근무하나?

두바이에는 크고 작은 병원이 많이 있는데 한국 간호사가 진출하기 좋은 병원으로는 두바이 북쪽 라스 알카이마에 왕립병원(SKSH), 아부다비에 클리블랜드 병원(CCAD), 두바이에 아메리칸 병원(Dubai American), 사우디 저만 병원, 두바이 인근 알아인 지역에 존스홉킨스 병원이 운영하는 타왐 병원 등이 있다. 클리닉 등 소형 병원은 급여, 복지 등 편차가 크므로 가능하면 대형병원으로 진출하는 것이 좋다.

2018년 기준으로 American Dubai에는 3~4명, 클리블랜드 클리닉에 3명, 메디 클리닉 1명, 왕립병원은 서울대병원에서 위탁 운영하고 있어 한국인만 150명 이상이 근무하고 있다. 그 외 두바이 현지 병원에서도 한국 간호사 등이 근무 하는 모습을 볼 수 있다.

물론 간호사 외에도 왕립병원에는 의사, 방사선사 등도 많이 근무하고 있다. 척추 전문병원인 우리들병원, 힘찬 병원, 코리햅 클리닉 등엔 물리치료사도 많이 근무하고 있다. 다만 병원 행정직은 왕립병원, 힘찬 병원 등 한국 진출 병원에는 근무하고 있지만, 클리블랜드 클리닉, 두바이 아메리칸 같은 외국계 병원에는 거의 없는 편이다.

한국 간호사는 실력도 좋은 편인데 생각보다 두바이 외국계 병원에 많이 진출하지 못한 편이다. 왜 실력 좋은 한국 간호사가 외국계 병원에 채용이 되지 않을까? 실력은 좋은데 영어를 원어민처럼 못 해서 그런 것일까? 두바이 초기에는 많이 의아해하기도 해서 두바이 아메리칸 병원 채용 담당자, 클리블랜드 병원 채용 담당자 등에게 직접 문의도 해 봤다. 채용 담당자가 처음에는 당연히 이유를 알려 주지 않았다. 그러다 합격자가 나오면서 합격자와 불합격자의 이유를 알아야 그에 맞는 지원자를 더 많이 소개해 준다고 하자 그때서야 간략하게나마 알려 주었다.

한국 간호사가 외국계 병원에 지원하면 생각보다 서류에서 많이 떨어진다. 서류합격을 못 하는 이유는 이력서를 잘못 써서 그런 게 아니다. 영어 실력이 모자라서 떨어지는 것도 아니다. 서류 불합격의 원인은 요구하는 직무와 경력이 맞지 않아서다. 외국계 병원에선 관련 경력 최소 3년 이상을 요구하는데 병원에 지원한 한국 간호사 이력서를 보면 관련 경력 3년을 충족하지 못한 경우가 많다. 즉 경력이 있어도 병동 1년, 내과 1년, 외과 1년 등으로 업무가 자주 변경되다 보니 관련 경력 최소치를 충족하지 못해 탈락한 경우가 많은 것이다. 참고로 두바이 대형병원에는 필리핀 간호사가 많이 있는데 필리핀 간호사의 경우 관련 경력이 대부분 10년 이상인 경우가 많다.

영어 실력이 부족해서 떨어지는 경우는 면접에서다. 특히 대면 면접보다 스카이프 등 화상 면접에서 불합격하는 경우가 많다. 스카이프 등 화상 면접으로 보면 인터넷 환경상 화질 및 음질 등이 좋지 않을 수도 있어 대면 면접보다 영어 발음 소리가 명확하게 들리지 않아 문제 내용을 잘 이해하지 못해 떨어지는 경우를 많이 봐 왔다.

• 어떤 사람이 채용되나?
CCAD에 취업한 김민○ 씨의 사례를 보기 전 채용공고부터 보자(월드잡).

> Ophthalmic OR and Cardiac OR nurses
> (RN with minimum 2 to 3 years' experience in Ophthalmic OR and Cardiac OR) + 관련 경력 (3년 이상) 필수, 현지 UAE 면허 - HAAD 취득하신 (실) 분, NCLEX RN 우대, Bachelor of Nursing 선호, 영어 점수 IELTS 6.5 이상

클리블랜드 클리닉 안과 수술실 간호사 채용공고 중 일부인데 채용 공고에 어떤 간호사를 채용할지 잘 나와 있다. 안과 수술 경력 최소 2년에서 3년 이상에 현지 면허가 있고 NCLEX 및 IELTS 6.5 이상 소지한 간호사를 필요로 한다는 공고이다. 두바이 취업 시 대부분 영어성적표를 제출하지는 않는데 간호사 등 일부 직종은 제출을 요구하기도 한다.

김민○ 씨의 경우는 경력 3년 이상 안과 경력 조건에 현지 면허, NCLEX 소지, IELTS 6.5 이상, 간호학사 등 우대조건을 모두 만족하여 서류를 통과했다. 이후 영어테스트 및 면접 등을 거쳐 최종 합격을 하게 되고 병원에 입사하게 된다. 10년 이상의 간호 경력이 있더라도 필수 요건인 관련 경력이 맞지 않으면 서류에서 통과되기가 어렵다. 병원에 이력서를 보내기 전에 공고 내용을 잘 살펴 본인의 업무가 해당 업무에 맞는 관련 경력인지, 기타 우대조건을 갖추고 있는지 꼼꼼히 체크 한 후 지원하면 좋은 결과로 이어질 수 있다.

디자인

• 어디에 근무하나?

두바이는 한여름을 제외하곤 연중 전시 관련 행사가 많다. 행사가 많은 만큼 전시 관련 회사도 많고 디자인 관련 일자리도 많은 편이다. PublicPro, HSAd, 제일기획 같은 한국회사에 채용이 많이 되었고, Pico 등 글로벌 전시 전문 업체에도 많이 진출했다. Mashreq Bank, Emirates 항공 및 두바이 정부(Smart Dubai Gov.)까지 대략 10명 정도 채용되었다.

디자인 관련 회사에 취업하기 위해선 디자인을 전공한 관련 경력자가 유리하지만, 디자인 전공자가 아니어도 취업할 수 있다. 한국의 디자인 회사에서 일하는 경우, 일은 많고 급여는 적은 편인데 그에 비하면 아래 수기 내용에서 보듯 두바이 디자인 회사에서 근무하기는 좋은 듯하다.

디자인(전시)

대체로 삶과 일의 균형이 좋은 편이라 '저녁이 있는 삶'을 누릴 수 있고, 휴양지에 가야만 누릴 수 있던 것들을 쉽게 즐길 수 있다는 것이 가장 큰 장점인 것 같습니다. 전반적으로 생활 수준이 높고, 또한 세금이 없으므로 삶에 여유가 있는 편입니다. 외국인이 80% 정도 비율이기 때문에 타 중동 국가보다 제재가 적고, 다양한 사람들을 만날 수 있는 것도 장점입니다.

[두바이 전시 관련 디자인 회사 2017년 취업자]

· 어떤 사람이 채용되나?

두바이 여행 중 날씨가 좋아서 한 달 정도 체류하다가 상담을 통해 두바이에 있는 디자인 회사에 연계가 되어 취업이 된 경우가 있는데, 이는 디자인 관련 석사 출신이기도 해서 다소 쉽게 매칭이 잘 된 케이스다. 또 다른 경우는 두바이 현지 은행에서 자사 은행 홈페이지 UI/UX 개편할 디자이너가 필요하다고 해서 채용 담당자가 한국까지 직접 와서 면접을 진행한 후 채용된 케이스인데 이 또한 디자인 관련 석사 출신이기도 했다. 하지만 디자인 비전공자로 일반 학과 졸업 예정자가 한국계 디자인 회사에 취업한 경우(뒷부분에 상세 설명)도 있는 만큼 디자인 회사 취업에 디자인 전공이 필수는 아니라는 점을 알아두면 좋겠다.

건설·플랜트·원전

· 어디에 근무하나?

바라카 지역에는 한국인만 약 4,000명이 근무하고 있을 정도로 많은 한국 기업이 있다. 엔지니어의 경우 한전 컨소시엄 및 ENEC(에미레이트 원자력 공사)에서 별도로 한국에 와서 채용을 진행하기도 했다. 그 외 원전에서 근무하는 통역 등 일반 사무직의 경우는 월드잡을 통해 많은 한국 청년들을 채용했다. 그런데 바라카 지역이 아부다비에서도 차량으로 3시간 이상 떨어진 외딴곳에 있다 보니 일부는 중도에 그만두는 경우도 많았다. 하지만 급여도 적지 않은 편이고 식사 및 주거를 제공하는 등 복지도 좋은 편이라 근무하기 괜찮은 곳이라 여긴다. 플랜트 분야로 진출한 취업자의 수기를 통해 취업자는 무슨 일을 하고 있으며 취업 동기는 무엇인지 알아보자.

• 어떤 일을 하나?

Future Pipe Industries는 세계 최고의 대형 복합 유리 섬유 파이프 시스템 설계 및 제조업체로 엔지니어링, 프로젝트 관리, 기술 지원 및 사내 현장 교육을 비롯한 포괄적인 범위의 제품 및 서비스를 제공하고 있습니다.

프로젝트 매니저로서 아시아 및 유럽 지역의 프로젝트를 관리하고 엔지니어링(Engineering) 시점부터 시행(Execution) 및 기술 지원까지 프로젝트들이 계획에 짠인 공기에 맞춰 원활하게 돌아가게끔 광범위한 업무를 하고 있습니다.

UAE로 오게 된 이유는 2015년 이전만 하더라도 Oil & Energy 시장이 활성화되었고 이로 인한 경험을 통해 향후 미국 등으로 진출하기 위한 디딤돌 역할을 할 수 있으리라 여겨 취업하게 되었습니다.

[FPI 2015년 취업자]

3. 취업 이후 어디로?

　보통 해외취업 현황을 보면 몇 년도에 어느 국가에 몇 명이 취업했는지 쉽게 파악할 수 있다. 그런데 취업한 이후 취업자의 상황에 대해선 알 방법이 많이 없다. 취업하고 바로 국내 복귀를 했는지 아니면 이직을 했는지, 해외에서 어떻게 경력개발을 해 나가는지 알기는 어렵다. 물론 실력이 출중한 취업자의 이야기를 통해 해외취업 이후의 여정에 대해 대략 알 수는 있다. 그러나 여기에선 그런 특출난 사람이 아닌 한국에서 평범한 스펙을 갖춘 구직자가 어떻게 해외취업을 하고, 취업 이후 무슨 일을 하면서 지내고 있는지 살펴봤다. 2015년 전후 두바이에 취업한 청년 중 50여 명에 대해 2020년 12월 현재 어디서, 무슨 일을 하면서 지내고 있는지 직종별로 알아보자. 참고로 취업자 이름 대신 취업자 번호로 표기하였다. 몇 호 취업자가 여러분의 롤 모델이 될 수 있는지 알아보는 것도 의미 있을 것이다.

두바이(UAE) 취업 이후 진로 현황(2015년 전후 취업자/ 2020년 12월 현재)

직종(취업자)	두바이		직종(인원수)	외국 및 한국 복귀
1 승무원(1-9)	승진 및 두바이 내 이직		1 승무원(9명)	싱가포르 및 국내 외국계 회사
2 호텔(10-22)	승진 및 두바이 내 이직		2 호텔(13명)	몰디브, 인도네시아 및 국내 호텔
3 사무직(23-39)	승진 및 두바이 내 이직	⇒	3 사무직(17명)	체코, 베트남 및 국내 외국계 회사
4 간호사(40-45)	연봉 상승 및 두바이 내 이직		4 간호사(6명)	영국, 미국
5 디자인 등 (46-53)	승진 및 두바이 내 이직		5 디자인 등(8명)	싱가포르 및 국내 관련 회사

※ 괄호 속 숫자는 취업자 이름 대신 번호로 표기, 직종별 인원 현황

승무원(지상직 포함)

승무원 취업자 진로

신입 - 이코노미 G2 - 비즈니스 G1 - 퍼스트 클래스 FG1 - 부사무장 - 사무장
- 이직 - 두바이 내 회사 혹은 외국으로 이직
- 국내 복귀하여 외국계 회사 이직

승무원으로 취업해서 두바이에 오면 숙소가 정해지는데, 대규모 채용일 경우 호텔에서 몇 달 지낼 수도 있다. 숙소가 정해진 후 모든 예비 승무원은 트레이닝을 받는다. 트레이닝 수료식을 성대하게 치른 후 1년은 비행하느라 정신없이 시간이 지나간다. 2년 차가 되면 승무원

으로 지내기에는 최고의 시간이다. 비행으로 가는 나라도 많고 여행도 즐겁게 갈 수 있는 시기이다. 또한, 가족 티켓(90% 할인 항공권)으로 부모님과 여행도 같이 하고 버디 티켓(50% 할인 항공권)으로 친구나 지인 등에게 기쁜 마음으로 베푸는 시기이기도 하다. 그러다 3년 차가 되면 계약을 갱신하여 두바이에 남을지 아니면 이직을 하거나 한국으로 돌아갈지 생각하게 된다. 범죄 행위 등 큰 잘못이 없으면 3년 단위로 계약이 되고 일정 시간이 지나면 비즈니스로 승진한다. 예전에는 3년이 지나면 보통 비즈니스로 승진이 되었지만, 현재는 4, 5년 정도 되어야 승진이 되는 거 같다. 비즈니스 이후 퍼스트 클래스(FG1) - 부사무장 - 사무장으로 승진을 하게 된다. 과거에는 입사 후 빠르면 7년 정도 지나면 사무장으로 승진했는데 지금은 보통 10년 이상 걸린다. 참고로 2018년 기준 에미레이트 항공 한국인 승무원이 800명 정도 근무하고 있을 때 한국인 사무장은 30명 정도였다. 물론 코로나 시기인 지금은 항공사의 인원 감축에 따라 한국인 승무원도 많이 줄었고 자의반, 타의 반으로 국내로 많이 복귀했다. 그렇다고 한국 승무원 대부분이 국내로 돌아온 것은 물론 아니다.

• 두바이 계속 근무

미국에서 경영학을 전공하고 2015년 **오픈 데이**로 **에미레이트 항공**에 취업한 **1호 취업자**는 입사 4년 만에 비즈니스로 승진을 했다. 원래 체력이 좋아서였는지 근무 중 병가도 사용하지 않았고, 기내 면세품

판매 실적도 다른 승무원보다 월등히 좋았다. 이런 이유에서인지는 모르겠지만, 현재도 계속 비행을 하고 있다(코로나로 권고사직이 진행되었는데 근태도 영향을 끼쳤다는 말도 있지만, 무작위로 행해졌다는 것이 다수의 견해이긴 하다). 승무원만큼 좋은 직업도 없다는 **1호 취업자**는 코로나로 비행이 많이 줄긴 했지만, 여전히 비행을 즐기며 2021년 1월 현재 날씨 좋은 두바이에서 만족하며 지내고 있다.

・ 두바이에서 타 국가로 이직

이직하는 경우는 보통 두바이에 있는 회사로 간다. 승무원의 근무 여건 및 복지 등이 좋다 보니 그 수준에 맞는 회사가 그렇게 많지는 않다. 관련 경력은 없더라도 대학 전공이 디자인이나 상경계, 홍보 관련 계열이면 이직에 유리한 편이다. 승무원 출신으로 외국으로 이직한 경우가 많지는 않지만, 싱가포르 디자인 회사로 이직을 한 경우는 있다. **2호 취업자**는 **디자인 관련** 전공으로 에미레이트 항공에서 근무했는데 이직할 기회가 와서 승무원을 그만두었다. 두바이에는 전시 관련 행사가 많다 보니 전시 관련 회사로 이직할 수 있었고 매니저로 근무하다 다시 **싱가포르 디자인 회사**로 이직을 했다. 이처럼 디자인을 전공한 승무원의 경우는 외국으로 이직할 기회가 좀 더 많은 거 같긴 하다.

・ 두바이 내 이직

3호 취업자는 비행하면서 두바이에서 **대학원을 병행**하고 있었는데 학교 수업 일정이랑 비행 스케줄을 맞추기가 녹록지 않았다. 사실 **3호 취업자**는 승무원 생활 3년 차가 되면서 본인의 대학 전공이 **영문학과**라서 이직이 싫지 않을 거 같아 승무원 이후의 진로를 꾸준히 생각하고 있었다. 그런데 마침 에미레이트 항공에서 영국대학 대학원 과정을 개설했고 비행하면서도 공부할 수 있을 거 같아 이직에 유리한 **HR(인적자원)**을 전공으로 선택하고 배우는 중이었다. 그러던 중 2017년 11월에 두바이 한국관광공사 채용공고를 보고 지원을 하게 되어 합격하게 된다. 승무원을 그만두는 것에 처음엔 미련이 남았지만, 대학원 공부와 경력개발을 위해 관광공사 두바이로 이직했다. 코로나 시대에 **관광공사** 인기가 상승하고 있는데, **3호 취업자**는 주어진 기회를 잘 잡아 성공적으로 이직한 경우라 볼 수 있다. 코로나 이후 두바이 거주 임차비용이 많이 하락하여서 최근 1베드(20평대 아파트)로 이사하였고 두바이에서 만족하며 생활하고 있다.

2015년 두바이 공항에 취업한 **4호 취업자**는 여행도 자유롭게 다닐 수 있고 업무 부담도 적은 지상직 업무가 나쁘지 않았다. 그러나 단조로운 업무와 적은 급여로 이직을 생각하게 되었고 마침 두바이 **삼성전자**의 사무직 자리가 나서 지원하여 합격했다. **호주**에서 대학을 나와 영어에는 자신이 있었던 **4호 취업자**는 본인의 뛰어난 어학 실력과 **경영** 전공을 발판으로 이직에 성공하여 현재까지 두바이 생활에 만족하며 잘 다니고 있다.

에티하드 **비즈니스 클래스**에서 근무하던 **5호 취업자**는 승무원 이후 본인의 경력개발을 생각하여 이직을 염두에 두고 월드잡 채용공고 등을 보며 두바이에 있는 여러 회사에 지원하였다. 금융 관련 전공도 아니고 관련 자격증도 없었지만, 현지에서 승무원으로 근무한 경력을 인정받아 두바이의 ○○은행으로 이직에 성공하여 근무하다 2020년에 한국으로 복귀했다.

· 국내 복귀 이직

6호 취업자는 **대학교 3학년 재학 중**에 우연히 에미레이트 항공에 지원했는데 외국으로 나갈 준비를 하지 않은 상태에서 합격이 되었다. 잠시 고민을 한 후 휴학을 하기로 하고 2015년에 두바이로 오게 되었다. 그러나 아무래도 대학교는 졸업해야 한다는 생각에 2년간의 승무원 생활을 마치고 한국에 돌아와서 학업을 마쳤다. 학교 졸업 후 **디자인 전공**과 상급 수준의 영어 실력 및 승무원 경력을 바탕으로 2020년 10월에 한국에 있는 **핀란드 외국계 회사**에 합격했다. 입사 시엔 승무원 경력도 나름대로 인정을 받았고 현재 업무에 잘 적응하고 있으며 만족하며 다니고 있다.

7호 취업자는 **교대 출신**으로 임용고시를 준비해야 하는지 고민하던 중 우연한 기회에 에미레이트 항공에 지원했는데 합격을 하여 3년간 승무원 생활을 했다. 승무원 이후의 경력을 고민하다 승무원을 그만

두고 해외에서 1년간 공부를 하다가 한국에 복귀하였다. 국내 복귀 후 **임용고시**를 보기로 하고 1년간 시험을 준비하여 2020년에 최종 합격을 했다. 코로나로 임용이 늦어져 2021년부터 **교단**에 설 예정이다. 임용이 미루어져서 2020년 서울해외취업센터에서 승무원 관련 강의도 하면서 승무원 지망생들에게 많은 도움을 주기도 했다.

　유아교육을 전공한 **8호 취업자**는 에미레이트 항공 대규모 채용이 있었던 2015년에 합격하여 승무원 생활을 했다. 3년간의 승무원 생활을 마치고 2018년 말에 한국에 돌아와 이직 준비를 하였다. 몇 군데 회사에 면접을 보며 한국 채용시장 상황을 파악한 끝에 요즘 잘나가는 기업 중의 하나인 **E 커머스** 회사에 합격했다. 현재 **인사팀**에서 채용을 담당하고 있는데 **8호 취업자**는 언급한 것처럼 경영학과나 관련 경력자도 아니었는데도 불구하고 인사팀으로 채용이 된 경우이다. 코로나로 더욱 바빠지긴 했지만, 현재 일에 만족하며 다니고 있다.

　신문방송학을 전공한 **9호 취업자**는 외국에서 학교를 졸업했다. 2016년 에미레이트 항공 대규모 채용 때 합격을 하여 비행을 시작했다. 4년 넘게 근무하면서 승무원으로 계속 남을지 국내로 복귀할지를 고민하다가 코로나로 비행이 줄어들자 바로 국내 복귀하기로 마음먹었다. 휴가로 시간이 날 때 한국에 와서 토익 시험도 보고 이직할 회사도 알아보는 등 본격적인 준비를 했다. **9호 취업자**는 **영어 실력**이 뛰어나고 일본어 등 제2외국어 실력도 수준급이라 외국계 회사로 타깃 설정을 했다. 코로나가 확산하여 에미레이트 항공의 무급휴가 및 해고가 진행되고 있던 2020년 8월 퇴직과 동시에 서울에 있는 **외국계** 회사에 합격했고 **마케팅 부서**에서 일하고 있다.

승무원으로 근무하다 한국으로 복귀하여 이직에 성공한 경우 공통점을 찾는다면 영어는 상급 수준에 자신감이 있다는 점이다. 영어는 잘하는 사람이 많아서 크게 메리트가 없다고 말하는 경우도 있지만, **외국에서 일한 경력**에 **상급 영어 수준**을 갖춘 **자신감** 있는 구직자라면 코로나 상황에서도 기업이 찾는 인재가 될 가능성이 크다고 본다. 참고로 사례에서 언급한 승무원 취업자 중 일부는 월드잡 취업자 인터뷰 및 취업자 직종별 직무 교육프로그램에서 합격 노하우를 알아볼 수 있다.

호텔

호텔 취업자 진로

호텔 5성급 입사 - Front, F&B, Commi - 승진 후 계속 근무
　　　　　　　　　　 - 두바이 내 이직 혹은 승무원 이직
　　　　　　　　　　 - 국내 복귀, 글로벌 체인 호텔 이직
　　　　　　　　　　 - 외국으로 이직 - 몰디브 - 인도네시아 - 중국 - 필리핀 - 스위스(대학원)

두바이는 5성급 호텔이 워낙 많고 채용도 개방적이어서 한국 5성급 호텔보다 쉽게 입사를 할 수 있다. 다만 신입 급여가 낮으므로 이런 점은 사전에 잘 파악하고 지원해야 한다. 승무원은 보통 3년이 지난 후에 이직 및 한국으로 복귀하지만, 호텔은 1년이 지나면 이직 및 한국으로 복귀하는 편이다(모두 무기계약이지만 승무원은 3년마다 계약 갱신, 호텔은 1년 혹은 2년마다 계약 갱신). 두바이 호텔 취업자의 진로를 알아보기 전 호텔 취업자는 어디까지 승진할 수 있는지, 어디로 이직하는지를 일반부서와 조리 부서로 구분하여 알아보자.

두바이에 갔던 2015년 후반기에 W 호텔에서 호텔 매니저를 하고 있던 김○○ 씨의 이력 경로를 보면 어디까지 승진할 수 있는지 등을 파악할 수 있다. 호텔 매니저인 김○○ 씨는 호주에서 유학하고 두바이, 몰디브, 일본, 한국 등을 거쳐 현재는 바레인 마나마에 있는 5성급 캠벨 그레이 호텔 The Merchant House에서 **총지배인(General Manager)** 으로 근무하고 있다. 호주에서 호텔 학교를 졸업한 후 F&B, Front, Sales 등 다양한 호텔 직무를 경험하고 해외 10여 개 도시를 거쳐 약 18년 만에 총지배인에 오른 것이다. 다른 분야에 눈길 주지 않고 호텔에만 매진했던 것이 GM까지 올라갈 수 있었던 요인이 아닌가 싶다.

※ 호텔 직급 : Staff - Supervisor - asst. Manager - Manager - Director - Hotel Manager - GM

조리 분야는 어디까지 승진할 수 있을지 두바이 W 호텔에서 부 총주방장(Executive Sous Chef)으로 근무했던 김○○ 셰프의 진로를 통해 알아보자. 김○○ 셰프는 한국에서 학교를 졸업하고 한국 5성급 호텔에서 Line Cook으로 근무하다 싱가포르, 독일 등을 거쳐 2015년에 에미레이트 항공(Emirates Airline) 부총주방장(Executive Sous Chef)으로 두바이에 발을 들여놓았다. 2년 정도 근무한 이후 W hotel 및 W Palm Dubai 부 총주방장으로 다시 이직했다. W Palm에 근무할 때는 이집트 카이로 JW Marriott 총주방장 대행을 하기도 했다. 그 후 호주의 같은 메리어트 계열인 W hotel로 이직했고 현재 호주 **W Hotel Melbourne에서 총주방장**으로 근무하고 있다. 조리 분야도 호텔 다른 직무처럼 이직이 잦은 편이고 글로벌하게 움직인다. 김○○ 셰프도 거의 20년 만에 5성급 호텔 총주방장이 된 것이다.

※ Chef 직급 : Commi(3-2-1) - Demi Chef - Chef the Partie - Sous Chef - Executive Sous Chef - Executive Chef(총주방장) (직급 등은 호텔에 따라 다소 차이는 있다)

앞서 언급했던 **10호 취업자**도 글로벌하게 진출한다. 호텔과는 전혀 무관한 **공학 전공**에 관련 경력도 없었는데 호텔 박람회를 통해 2016년 두바이 **르 로얄 메르디안**에 **F&B로 입사**를 할 수 있었다. **10호 취업자**는 F&B 업무를 하면서 **Front 교육**을 별도로 받았는데 6개월 후 Front-Reservation(예약부서)로 직무를 변경하여 근무하였다. **10호 취업자**

는 입사 때부터 프런트직을 원했지만, 호텔에선 프런트 경력 없이는 프런트직 근무가 안 된다고 하여 입사 이후 별도의 교육을 받고 직무 변경을 한 것이다. 1년간 근무를 한 후 몰디브 벨리간두 호텔로 이직했다. 이때 Front 수퍼바이저로 승진을 하였다. 두바이 호텔에서 근무할 때는 숙소가 별도 건물에 있었지만, 몰디브 호텔에서 근무할 때는 호텔 내에서 숙식하며 지냈다. 몰디브에서 1년간 수퍼바이저로 근무한 후 다시 인도네시아 자카르타 W 호텔로 이직했다. 이때는 세일즈로 직무를 변경했다. 10호 취업자는 **F&B → Front → 세일즈**로 직무를 변경하며 근무했는데, 이는 호텔 취업자의 일반적인 진로 모습이기도 하다. 현재는 스위스 대학원에 재학 중이다.

• 초고속 승진

아부다비 IHG(인터콘티넨털 호텔 그룹) **Holiday Inn**에 **인턴**으로 들어가서 6개월 만에 정직원이 된 후 다시 1년 만에 **F&B 레스토랑 매니저**가 된 **11호 취업자**는 호텔 취업자 중에서도 고속 승진한 경우이다. 물론 Holiday Inn이 4성급 호텔이라 승진이 더 빠를 수 있었다. 레스토랑 매니저로 근무하다 평소 관심이 있었던 호텔 HR 부서로 직무를 변경하여 근무하다 한국으로 복귀를 했다. **11호 취업자**는 IHG 내 **승진자 교육프로그램**을 잘 활용해서 고속으로 승진한 경우이다. 글로벌 체인 호텔 대부분은 이런 종류의 프로그램을 진행하고 있으므로 호텔에서 빠른 승진을 원하거나 뜻이 있는 경우 잘 활용하면 좋은 기회가 열릴 수 있다고 본다.

• 두바이 내 이직

메리어트 호텔 상위 브랜드인 **럭셔리 컬렉션**(Luxury Collection)두바이 마리나에 2016년 취업 후 현지에 계속 있는 **12호 취업자**는 1년 2개월 만에 같은 호텔 프런트 수퍼바이저로 승진했다. **12호 취업자**는 동생이 에미레이트 항공 승무원이라 두바이에 놀러 왔다가 월드잡 공고를 보고 두바이 현지에서 채용이 된 경우이다. **12호 취업자**는 외국대학에서 **경영학**을 전공했고 **영어는 상급 수준**이다. 또한, 유쾌한 성격이면서 본인의 주장을 잘 전달하는 타입이다. 두바이 호텔에선 Sky Dive, 요트 등 관광상품을 많이 판매하는데, 프런트 업무를 하면서 관광상품까지 잘 판매하였다. 관광상품 판매에 따른 수당은 별도로 받을 수 있었고 그 성과를 인정받아 승진도 하게 된 것이다. 그 후 메리어트 호텔 최상위 브랜드인 두바이 **불가리(BVLGARI) 호텔**로 이직하여 현재 계속 근무하고 있다.

• 승무원 이직

2016년에 **르 로얄 메르디안 F&B**로 취업한 **13호 취업자**는 원래 두바이 호텔로 취업한 이유가 좀 더 쉽게 승무원이 되는 방법을 찾기 위해서였다. **어문계열**을 전공하고 **나이도 적지 않은 편**이라 한국에서 승무원 학원에 다니며 준비하는 것보다 두바이 현지 호텔에 와서 준비하는 것이 더 유리할 것 같다는 판단 아래 두바이로 왔다. 그런데 아쉽게도 당시에 에미레이트 항공 불시착 사고 여파로 채용이 잠시 홀딩이 되었고 2017년 카타르와의 단교로 카타르 항공 또한 두바이에서 채용이 없는 상태였다(매년 두바이에서 카타르 항공 오픈 데이 채용이 있었다). 그럼에도 채용이 날 것이라는 희망을 품으며 호텔을 다니면서 준비를 계속했다. 에미레이트 항공 채용공고는 나지 않았지만, 다행히 2017년 플라이 두바이 채용공고가 나서 지원하였고 호텔 근무 1년 만인 2017년에 **플라이 두바이**에 합격했다. 현재까지 만족하며 잘 다니고 있다. 참고로 당시 현지 두바이에서 진행된 플라이 두바이 승무원 채용은 에미레이트 및 카타르 항공 채용 중단으로 경쟁률이 300대 1이 넘을 정도로 치열했다.

그런데 나중에 알고 보니 13호 취업자 외에 아부다비 리조트에서 근무하던 **14호 취업자도 플라이 두바이**에 지원하여 합격했다. **영문학**을 전공한 **14호 취업자** 역시 승무원 취업을 위해 아부다비에 온 경우였다. 월드잡 채용공고를 통해 2016년 **아부다비 리조트**에 왔는데 근무 시작할 때부터 승무원 준비를 했다. 그런데 역시나 에미레이트 항공 채용이 홀딩되었고 근무한 지 1년이 다 돼 가는 시점에서 다른 곳으로 이직을 할지 영국으로 떠날지 고민하던 중 다행스럽게도 플라이 두바이에 합격한 것이다. 당시 플라이 두바이에 대략 10명 정도 합격되었다고 하는데 그중 한국인 합격자가 2명인지라 13호 취업자와도 친하게 지내고 있으며 즐겁게 비행을 하며 두바이에서 잘 지내고 있다.

- 국내 복귀 이직

2016년 두바이 **W 호텔 F&B**에서 1년 넘게 근무하던 **15호 취업자**는 한국으로 복귀하여 두바이에서 근무했던 같은 글로벌 체인 호텔인 **Marriott**로 채용이 되어 현재까지 일하고 있다. 두바이에선 F&B 업무를 했지만, 국내 복귀 후 현 직장에선 **인사팀** 교육업무를 담당하고 있다. **관광학**을 전공한 **15호 취업자**는 관련 전공도 아니고 관련 경력도 없지만, 인사팀 교육업무를 하게 된 것이다. 메리어트에서 근무하면서 미국에 진출하려고 생각했지만, 코로나 상황으로 어려워졌고 현재는 서울 메리어트에서 계속 근무하고 있다.

관광 관련 전공을 하고 한국에서 호텔 경력이 있던 **16호 취업자**는 2016년 두바이 **럭셔리 컬렉션**에서 1년간 F&B로 근무하다 한국으로 복귀했다. 두바이 5성급 호텔 경력을 발판 삼아 서울에 있는 5성급 호텔로 이직했다. 한편, 경제학을 전공하고 경력도 없지만 같은 럭셔리 컬렉션 F&B에 취업한 **17호 취업자**는 원래 호텔 경력을 발판 삼아 승무원으로 진출 하는게 목적이었다. 그런데 항공기 불시착 사고 여파로 에미레이트 항공 채용이 홀딩이 되자 1년간 근무 후 한국으로 복귀했다. 마침 한국에서 **카타르 항공** 채용이 진행되었고 합격하게 되어 카타르 항공으로 이직에 성공했다. 5성급 호텔 경력이 있으면 승무원으로 진출하는 데 유리한 듯하다.

• 국내 복귀 후 다시 출국

조리 부서의 경우는 한국 복귀 후 호텔에 다시 취업하거나 레스토랑을 직접 운영하는 경우도 있다. 조리 부서의 특성상 한국으로의 재취업 등은 그리 어렵지 않은 편인데 물론 지금 같은 코로나 상황은 예외이다. **18호 취업자**는 영어는 능숙하지 않지만 **조리 경력**이 있어 두바이 5성급 호텔에서 근무하기를 희망하고 두바이 EMAAR 등 조리 부서에 지원을 계속했다. 면접 일정이 안 맞는 등 여러 이유로 합격하지 못하다가 2019년에야 EMAAR Hotel Group 중 **Armani** 호텔에 **Commi 1**로 취업에 성공했다. 그런데 코로나가 심해져서 호텔이 긴축운영을 하게 되어 한국에 잠시 복귀했었는데 2020년 12월에 다시 Armani 호텔로 복귀해 현재 잘 근무하고 있다. 참고로 두바이는 2021년 1월 현재 관광이 재개되어 호텔 운영이 잘 되고 있다고 한다.

• 두바이에서 타 국가로 이직

19호 취업자는 **의류학**을 전공하고 한국에서 일반 회사 사무 경력이 다소 있었는데 호텔 전공도 아니고 관련 경력은 없었지만, 2016년 두바이 **Westin** 호텔에 채용이 되어 바리스타로 1년간 근무했다. 그 후 중국 Four Points by Sheraton으로 이직을 했는데 **Sales 분야로 직무를 변경하고 Sales Manager로 승진하였다.** 중국에서 근무한 후 지금은 **필**

리핀 리조트에서 근무하고 있다.

항공 관련 서비스학을 전공한 **20호 취업자**는 처음부터 승무원보다는 호텔 취업에 관심이 많았다. 다른 지원자보다 적극적인 모습을 면접에서 보여 주던 **20호 취업자**는 2016년 **W Dubai** 호텔 **Hostess**로 취업에 성공했다. 두바이 W 호텔 Hostess로 근무 시에는 누가 시키지 않아도 늦게까지 남아서 업장 정리를 다 하고 힘든 일에도 항상 웃는 얼굴로 고객을 대하는 모습에 책임 있는 호텔리어의 모습을 살펴볼 수 있었다. 그렇게 두바이 W 호텔에서 1년간 근무 후 **몰디브** 호텔로 이직했고 다시 인도네시아 **자카르타 메리어트 리츠칼튼** 호텔로 이직을 하여 현재는 같은 호텔에서 **세일즈 매니저**로 일하고 있다.

국제경영을 전공하고 2017년 **르 로얄 메르디안 F&B**로 취업한 **21호 취업자**는 근무 초에 업장 분위기가 본인과 안 맞는 면이 있다면서 애로사항을 종종 토로했다. 그리고 이직 등 논의를 하곤 했다. 그렇게 6개월 정도 근무 후 중국 메리어트 계열 호텔로 이직을 했고 현재까지 무난하게 중국 **심천 Westin**에서 잘 근무하고 있다. 아무래도 호텔 취업 시 본인과 맞는 호텔이 있는 듯하다.

• 호텔 컨설팅 취업
호텔 전공자가 반드시 호텔에만 취업하는 것은 아니다. 스위스에서

호텔학을 전공하고 2017년 두바이 호텔 컨설팅 분야 인턴으로 온 **22호 취업자**는 인턴을 마치고 두바이에 있는 호텔 **컨설팅** 업체에 취업했다. 금융 쪽에서 컨설팅 업무가 인기가 많은 것처럼 호텔 컨설팅 업무도 호텔 관련 졸업생들에게 인기가 많은 직종이다. 두바이에서 호텔 컨설팅 업무를 1년 정도 하다가 태국 **방콕**에 있는 호텔 컨설팅 업체로 이직을 했으나 코로나로 인해 현재는 한국에 복귀한 상태이다.

두바이 호텔 취업자들을 종합해 보면, 두바이 5성급 호텔에 근무하기 위해선 끈기가 제일 중요한 요소가 아닌가 싶다. 두바이 5성급 호텔이 문턱은 낮지만 근무하는 것이 쉬운 것만은 아니다. 두바이 호텔로 취업한 경우 취업자의 반 정도는 1년 이내에 한국으로 복귀한다. 나머지 20~30%는 승무원으로 진출하거나 다른 직종으로 이직을 한다. 그 외 20~30%는 두바이 다른 호텔이나 타 국가로 이직을 하면서 호텔 분야로 계속 진출한다. 근무 후 1년이 지나면 승진을 하거나 이직을 한다. 확실히 국내 호텔 직원보다 승진이 빠른 편이다. 아울러 두바이에서 근무한 호텔 경력은 타 국가 호텔에서 일한 것 보다 인정받는다고 한다. 앞서 언급한 총지배인과 총주방장의 경우처럼 두바이 호텔 경력은 호텔에서 최고 위치에 오르기 위해 탄탄한 디딤돌이 되어 줄 것이다. 두바이에서 호텔 근무는 처음 1년이 제일 중요한데 적응하기 어려우면 한국으로 빨리 복귀하는 것도 나쁘지 않은 선택이다.

사무직

사무직 취업자 진로

신입 - 두바이 - 두바이 회사 승진 및 이직
  * 결혼 정착
  - 타국으로 이직
  - 한국 복귀 후 외국계 회사 등 취업

사무직으로 두바이 취업한 경우 경력직 보다는 대부분은 신입직으로 취업했다. 두바이 사무직 특징은 두바이에서 이직이 활발하다는 것이고 다른 직종보다 두바이에서 오래 정착하며 결혼도 많이 한다는 데 있다.

• 두바이 내 이직 및 승진

2015년 **인턴** 형식의 대학교 지원으로 두바이에 온 **23호 취업자**는 일자리를 알아보던 중 월드잡 채용공고를 보고 지원하여 농수산유통공사(**aT**)에 합격하게 된다. 두바이 현지에서 지원하였기에 면접을 바로 볼 수 있었고 채용도 빠르게 진행이 되었다. 참고로 **23호 취업자** 이후 같은 학교 출신이 매년 두바이에 일자리를 알아보러 왔는데 두바이에서 거의 모두 정식으로 채용이 되었다. **23호 취업자**는 두바이 **중견 기업**으로 이직을 한 다음 다시 아부다비 **한국문화원**으로 이직을 한 후 현재까지 근무하고 있다.

대학 **4학년 마지막 학기**에, 취업할 수 있다는 신념을 갖고 2016년 5월 두바이에 온 **24호 취업자**는 앞서 언급한 바처럼 졸업하기 전에 **LG전자** 두바이 **디멘드 플래너(물류직)**로 취업에 성공했다. 두바이에서 면접을 보러 다닐 때는 면접을 보고 난 후 기업 담당자에게 면접에 참여할 수 있게 되어 감사하다는 문자를 남기는 등 지원한 회사에 대해 세심한 주의를 기울이기도 했다. 엘지전자 이전에도 에미레이트 항공 사무직 면접에도 응시하여 좋은 결과를 얻었지만, 당시 에미레이트 항공기 불시착의 여파로 채용이 홀딩이 되는 바람에 아쉽게도 입사를 하진 못했다. 전화위복이었는지 현재까지 엘지전자 두바이에서 잘 다니고 있으며 **승진**도 하고 **집을 구매**하기도 했다.

대학(인문계)을 졸업하고 한국에 있는 **외국계 회사**에 취업한 **25호 취업자**는 두바이에 있는 글로벌 **외국계 V 회사**로 이직 제의를 받고 고민하던 중 면접을 보고 합격을 하여 2016년에 두바이로 왔다. 같은 V 회사이지만 법인이 다른 현지 채용 같은 개념이라 모든 것이 낯설고 새롭게 시작해야만 했다. 세일즈 매니저로 3년 정도 근무하고 2020년에 **팀장**으로 승진했다. **25호 취업자**는 외국계 회사에서 잘 견디며 승진하는 비결이 자신감이라고 한다. 그래서 구직자에게도 **자신감**을 강조하는데 특히 면접 시에 자신감 있는 태도로 임하는 것이 합격의 가장 중요한 열쇠라고 말한다. 두바이 라이프를 즐기며 현재 만족하며 살아가고 있다.

2016년 아부다비에 **회계** 관련직으로 취업 성공한 **26호 취업자**는 취업이 되어서 두바이에 온 것이 아니었다. 월드잡 공고를 보고 두바이에 일자리를 알아보던 중 이메일 상담 등을 통해 두바이 현지에 있으면 취업에 유리하다는 의견에 공감하여 두바이에 온 경우이다. **회계학**을 전공한 26호 취업자는 두바이에 와서 Knowledge Village에 있는 PwC에서 1년간 재무 관련 공부를 하며 동시에 취업 자리를 알아봤다. **26호 취업자**는 ○○은행, ○○전자 등 다양한 회사에 지원했고 아부다비 **브룩필드**에 최종 합격했다. 브룩필드에 입사 한 후에도 꾸준히 재무 관련 공부를 하여 자격증을 따고 실력을 키워 나갔다. 26호 취업자는 외국에서 학교를 나왔기에 영어 실력은 출중했다. 상급 수준의 **영어 실력과 회계 전공 및 회계 경력에 관련 자격증**까지 취득하여 열심히 노력한 결과 UAE 원자력 회사인 **나와(Nawah)**로 이직에 성공했고 현재까지 잘 다니고 있다.

• **결혼 후 정착**

영문과를 전공하고 2015년 아부다비에 있는 한국 기업에 채용되어 다니던 **27호 취업자**는 아부다비 한국 기업을 그만두고 두바이에서 일자리를 새롭게 알아보던 중 역시 두바이에서 인턴으로 다니고 있던 여자친구인 **28호 취업자**와 결혼했다. 구직 기간을 이용하여 오히려 두바이에서 결혼한 셈이다. 그리고 이내 **27호 취업자**는 두바이 한국 기업으로 이직에 성공했다. **어문계열**이었던 **28호 취업자**도 인턴을 마치고 두바이 한국 기업으로 취업에 성공했다. 1년 정도 다니다가 **아모레퍼시픽**으로 이직에 성공해 지금까지 두바이에서 잘 지내고 있다. 참고로 이 결혼 커플은 대학 CC로 두바이에서 결실을 보게 된 셈이다.

한국에서 **일본학**을 전공하고 마케팅 관련 업무 경력이 있던 **29호 취업자**는 2017년 아부다비 건설 관련 회사인 텍셀네트컴에 취업이 되어 품질관리 매니저로 일했다. 그러다 에미레이트 항공 승무원과 결혼 하고 두바이에 정착하면서 2019년에 두바이 **IBIGTECH**으로 이직을 하게 되었고 현재 Branch Manager로 근무하며 잘 생활하고 있다.

대학에서 **정치외교학**을 전공한 후 2015년 두바이 한국 기업에 채용되어 다니고 있던 **30호 취업자**는 업무를 하면서도 전문적인 업무가 아니라 경력개발이 안 되는 것에 늘 불안했다. 그래서 이직을 생각하고 있다가 2016년 **삼성전자** 채용공고가 나자 지원하여 합격하게 된다. 새로운 업무를 배우면서 발전하고 있다는 사실과 경력개발이 되고 있다는 것에 만족하며 다니고 있다. 아울러 두바이에서 결혼하고 정착하는 데 성공했다.

2015년 아부다비 **외국계 플랜트** 관련 회사에 입사한 **31호 취업자**는 **건축학**을 전공하고 한국에서 경력이 1년 정도 있었다. **Oil&Energy** 분야가 전망이 있다고 생각하고 향후 미국 등으로 진출할 수 있는 발판이 될 수 있을 거라 여겨 아부다비 외국계 회사에 취업했다. 그런데 생각보다 정착해서 지내기가 좋아 계속 근무를 하다가 에티하드 항공 승무원과 2018년 결혼을 하여 아부다비에 정착해서 잘 지내고 있다. 최근에 아부다비에서 **uDaresports 회사를 창업**하고 CEO가 되었다.

2016년 두바이 한국 기업에 다니던 **32호 취업자**는 회사 여건상 이직을 알아봐야 했던 상황이었는데 마침 두바이 ○○전자 채용이 시작되어 바로 지원했다. 두바이 한국회사에서 **물류** 관련 경력을 인정받아 합격할 수 있었다. 역시 두바이 한국 기업에 근무하고 있는 여자친구와 결혼해 두바이에서 잘 정착해서 살고 있다.

2015년 **아부다비 삼성엔지니어링**에서 일하다가 **베트남**으로 일자리를 알아보러 간 **33호 취업자**는 상담을 통해 베트남보단 **두바이**에서 취업하기가 좋다는 나의 의견에 공감해 2017년 다시 두바이로 왔다. 1개월 정도 일자리를 알아보던 중 월드잡 공고를 보고 지원하여 두바이 **농수산유통공사(aT)**로 이직에 성공했다. 빠르게 이직을 할 수 있었던 이유는 두바이 현지에 있어서 면접을 바로 볼 수 있었고 아부다비에서 근무한 경력을 인정받아서다. 해외취업의 경우는 현지에 있거나 현지 경력이 있으면 우대를 받는 경향이 있다. **33호 취업자**는 이직에 성공한 후 2018년 에미레이트 항공 승무원과 결혼을 하여 두바이에 정착해서 예쁜 아기도 낳고 잘살고 있는데 최근 캐나다로 진출했다.

한국에서 결혼 후 남편이 두바이에 취업이 되어 같이 두바이에 왔다가 취업한 경우도 있다. 2016년 두바이에 온 **34호 취업자**는 한국에서 증권회사에서 근무한 경력을 바탕으로 일자리를 알아보던 중 단기 아르바이트로 일하다가 두바이 **Hyundai H.I.**로 취업했다. 2년간 **회계** 업무를 하다가 두바이 ○○ 은행으로 이직을 한 후 남편이 터키로 이직을 해서 현재는 터키에서 지내고 있다.

이처럼 두바이에는 영주권이 있지도 않고 거주 임차 비용이 비싼데도 불구하고 결혼해 정착하는 경우가 많다. 여러 이유가 있을 수 있지만, 취업자 두 명이 맞벌이하면 급여가 높은 편이고 세금이 없어 부담이 적어서인 거 같다. 아울러 회사에 다니면 은행 대출받기도 어렵지 않고 금리도 한국과 비슷하여 결혼하면서 두바이에 집을 구매하는 경우가 많은 편이다. 앞서 언급한 것처럼 임차 비용은 한국보다 비싸지만, 집값은 서울보다 저렴한 편이라 한국인이 살기에 괜찮은 1베드 25평 기준 아파트를 3~4억 정도면 구매할 수 있다.

• 두바이에서 타 국가로 이직

호텔 관련 전공을 살려 2015년 두바이 5성급 호텔로 취업을 한 35호 취업자는 F&B로 1년 정도 근무를 하다가 새로운 업무에 도전하고자 두바이에 있는 **부동산회사**로 이직했다. 1년 정도 두바이에서 부동산 관련 업무를 하다 한국으로 복귀했다. 한국에서 다시 해외취업을 생각하던 중 월드잡 K-Move 스쿨 과정에 참여한 후 베트남에 진출했다. **베트남 하노이 우리은행**으로 이직에 성공했고 지금까지 하노이에서 잘 정착하고 있다.

두바이 한국 대기업을 다니던 **36호 취업자**는 **재무·회계 업무**를 하고 있었는데 생각만큼 자신의 경력개발이 안 되는 것을 아쉬워하곤 했다. 또한, 본인의 경력만큼 급여도 많이 못 받는다고 생각을 하여 연봉협상을 했지만 받아들여지지 않자 이직을 준비하기 시작했다. 그러다 **체코**에 있는 ○○전자 재무 관련직에 지원할 수 있었고 4년간의 **재무·회계** 경력을 발판삼아 2017년 체코 프라하로 진출에 성공해 지금까지 잘 다니고 있다.

• 국내 복귀 이직

37호 취업자는 2016년 두바이에 취업한 친구가 두바이가 살기 좋다며 한번 놀러 오라고 해서 한 달 동안 두바이에서 여행하며 지냈다. 지내다 보니 정말로 두바이가 살기가 괜찮아서 더 머무르면 좋겠다는 생각을 할 때쯤 우연히 월드잡 채용공고를 보게 되었다. **자동차 관련 기업**에 지원했는데 경력도 하나 없었지만, 현지에서 대면 면접을 보니 오히려 마음 편히 면접을 볼 수 있었고 그래서인지 합격할 수 있었다. 자동차 회사에서 1년 반 정도 다닌 후 2018년 한국으로 복귀했고 두세 달 이직 준비를 하다가 한국에 있는 **독일계 로봇** 회사로 이직에 성공하여 현재까지 잘 다니고 있다. 또한, 대학 졸업하자마자 두바이로 와서 일자리를 알아보다 무경력으로 2016년 두바이 자동차 관련 한국 기업에 취업한 **38호 취업자** 역시 2년간 **두바이 자동차 회사**에서 근무한 후 한국으로 복귀했다. 국내 복귀 후 이직 준비를 하다가 2020년 8월에 서울에 있는 **이탈리아 자동차** 관련 회사로 이직에 성공하여 현재 잘 다니고 있다. 두 취업자 모두 **아랍어를 전공**했고 무경력으로 두바이 현지에 직접 가서 일자리를 알아보다 두바이 회사에 취업한 케이스다. 국내 복귀 후엔 두바이에서 근무한 관련 경력 등을 인정받아 국내 외국계 회사로 이직을 할 수 있게 되었다.

아울러, 처음부터 **UAE로 유학** 온 경우도 있다. **39호 취업자**는 한국에서 고등학교를 마치고 아부다비 자이드 대학에 입학했다. 경영학을 전공하고 졸업 후에는 한국 기업에서 6개월 정도 인턴을 하면서 일자리를 알아보다 현지 은행인 **FAB**(First Abu Dhabi Bank)에 취업해 국제 금융 업무를 했다. 그 후 두바이 스탠다드차타드(SC Bank)로 이직을 하여 신용 분석 업무를 하다 국내로 복귀하여 서울 **시티뱅크**로 이직했다. 현재는 본 은행에서 기업 세일즈 및 글로벌 마케팅 업무를 하고 있다.

두바이 사무직에 취업하고 이직을 한 취업자들을 보면 소위 말하는 SKY 등 명문대 출신은 거의 없었다. **지방대, 여자, 인문계** 출신이 다수였고 토익 성적표도 없는 취업자가 더 많았다. 남자보다 여자 취업자가 훨씬 많았고 대부분 신입직이라 경력은 없는 편이었다. 그럼에도 취업할 수 있었던 요인은 영어로 의사소통할 수 있고 새로운 곳에 도전했던 실행력이라 볼 수 있다. 언급한 취업자 중 일부는 월드잡 취업자 인터뷰에서 합격 노하우 등 자세한 내용을 볼 수 있다.

간호사(보건 인력 포함)

간호사 등 진로

간호사 경력 - (사우디 등 중동) - 두바이 - 계속 근무 혹은 두바이 내 이직
- 외국 이직 - 영국 혹은 미국
cf) 초음파사 경력 - 아부다비 - 국내 복귀
병원 행정 - 두바이 - 두바이 내 이직

해외취업을 생각하는 대부분 한국 간호사의 꿈은 미국 간호사다. 그렇기에 두바이 간호사 취업을 미국 간호사로 진출하려는 징검다리로 많이 이용한다. 그렇다면 모두 미국 간호사로 가게 되는 것일까? 두바이에서 한국 간호사가 근무하기 좋은 3개 병원 클리블랜드 아부다비, 두바이 아메리칸 병원 및 라스 알카이마 왕립병원을 중심으로 알아보자.

· 두바이 계속 근무

2018년 아부다비로 온 **40호 취업자**는 클리블랜드 클리닉(CCAD)에 합격하고 현재까지도 CCAD 병원에서 근무하고 있다. 최근에는 병원에서 수업료 일부를 지원받아 미국 명문대학 간호학 석사 과정을 수강하고 있다. 아래 수기에서도 보듯 **40호 취업자**는 클리블랜드 병원에 대해 만족하며 지내고 있는데 본 수기 외에도 월드잡에 취업자 V-log, 취업자 인터뷰, 취업자 클래스에서 병원 생활, 급여 등을 자세하게 소개하고 있다. 참고로 본인이 알려 준 2019년도 실제 받은 급여는 1억 원이 약간 안 된다고 하는데 이번 연봉 재계약에서는 수당을 제외하고도 1억이 넘는다고 한다. 여기엔 앞서 언급한 대로 소득세가 없으니 한국과 비교하면 많은 급여라 볼 수 있다. 우선 간호사로 근무하는데 어떤 점이 좋은지 직접 얘기를 들어 보자. 아래 취업자 수기는 내가 몇 가지 질문을 하고 그것에 맞게 **40호 취업자**가 답변하는 형식으로 2018년도에 작성한 것을 분량에 맞게 조절한 것이다.

간호사 CCAD 수기

1. 왜 아랍에미리트 간호사인가요?
학교 다닐 때부터 여행을 정말 좋아했어요. 방학 때마다 해외 배낭여행을 다녔고, 대학교 때는 외국인 기숙사에 살면서 다양한 문화를 배경으로 둔 교환학생들과 생활했던 경험이 있습니다.
미국 간호사 면허인 NCLEX-RN 취득 후 두바이 간호사 면허도 갖게 되었습니다. 당장은 아니더라도 미래에 제가 살고 싶은 곳에서 제가 좋아하는 일을 하고 싶었어요. 사실 미국 취업도 고려했지만, 꽤 비싼 에이전시 수수료와 병원 선택의 폭이 좁다는 이유로 미국은 일단 보류를 했습니다. 그리고 다시 생각했습니다. 유럽을 더 많이 가고 싶었고 유럽을 가기 위해선 직항보다 경유지를 많이 거치는데 그곳이 바로 아랍에미리트가 좋은 대안이 될 것으로 생각했습니다.

2. 어떻게 지원했나요?
이제 목적지는 정해졌는데, 아랍에미리트 간호사 관련해서는 정보가 많이 없었어요. 구글은 모든 답을 알고 있었어요. 이력서를 만들어서 아랍에미리트에 있는 병원들에 메일을 보냈지만 큰 소득이 없었어요. 정말 우연히 월드잡 공고를 찾았고 제 이력서는 월드잡을 거쳐서 Cleveland Clinic Abu Dhabi로 전달되었습니다. 이력서 검토 후, 병원 자체 영어테스트, 제 업무 관련 포트폴리오, 스카이프 실무진 면접, 스카이프 인사팀 면접, 아부다비 현지 면허 취득, 연봉협상 후에 잡 오퍼를 받았어요. 이렇게 글로 쓰면 한 줄인데 사실 9개월 정도 시간이 걸렸고, 에이전시를 통한 구직이 아니었기 때문에 혼자서 모든 과정을 진행해야 했습니다. 하지만 에이전시보다 훨씬 더 많은 도움을 주신 월드잡 이승재 선생님께 다시 한번 감사드립니다.

3. 어떤 점이 좋은가요?
1) 연간 40일 휴가(주말 포함)
  파격적인 휴가를 지원합니다. 사실 프로베이션 6개월 동안 휴가를 사용하지 못한다고 이곳에서 법으로 명시되어 있는데 부서 매니저마다 많이 유동적이라 언제든지 휴가를 사용할 수 있는 분위기입니다. 특히 수술실에서 일하는 저는 주 4일 근무를 하고 있어서 주로 목요일 금요일 토요일이 휴일입니다.
2) 숙소 지원
  이제 병원에서 일한 지 3개월 정도인데 짧은 시간 동안 제가 느낀 점은 한국보다 느린 인터넷을 제외하고는 단점을 찾을 수 없습니다. 한국에서 출국할 때 항공권을 당연히 제공했고, 공항으로 병원 직원이 마중을 나왔어요. 공항에서 숙소까지 고급 차량(렉서스)으로 데려다주었습니다.

그리고 병원보다 먼저 만나게 된 제 숙소는 정말 최고입니다. 삼성서울병원 근무 당시, 서초동에 비싼 돈을 주고 정말 작은 집에 살았는데 제가 살게 된 곳은 아부다비에서도 꽤 유명한 건물입니다. 60층 정도 되는 아파트인데, 저는 25층에 살게 되었고, 가구들도 이미 다 포함되어 있었어요. 특히나 지금은 룸메이트 없이 혼자서 큰 집에서 살고 있어요. 그리고 저는 운동을 좋아하는데 아파트에 수영장이 4개가 있고, 피트니스도 아파트 빌딩마다 하나씩 있어서 좋습니다.

3) 정착금 지원

이전 근무지가 아랍에미리트가 아닌 타 국가인 경우 정착지원금을 지원합니다. 첫 월급에 포함되어 있습니다.

4) 의료 보험 지원

의료 보험이 상당합니다. 한국에서 여기 오기 전에 병원 가게 될 일이 있으면 어떻게 처리해야 할지 걱정이 되었는데 이 부분은 정말 최고입니다. 저는 치아 교정을 보험으로 무료로 받고 있고 라식 수술 같은 경우에도 상당 부분 보험으로 처리할 수 있다고 합니다. 병원은 정말 걱정 없이 갈 수 있습니다.

5) 연 1회 한국-아랍에미리트 왕복 항공권 지원

왕복 항공권은 연봉에 포함되어 있고 12개월에 걸쳐 나눠서 월급과 함께 지급됩니다.

4. 근무환경은 어떤가요?

저는 7시에 근무를 시작하는데 6시 50분에 출근 펀치를 합니다. 한국은 정해진 출근 시간보다 최소 30분에서 1시간 앞서 출근하고 이 시간은 근무 시간으로 인정해 주지 않는데 여기서는 7시에 부서 스텝들이 모여서 미팅을 하고 30분 정도 첫 수술을 준비할 시간이 있습니다. 인력이 정말 충분하므로 오전 오후 브레이크가 보장되어 있고 점심도 여유롭게 먹을 수 있습니다. 근무 분위기가 자유롭고 수평적인 관계입니다.

- 두바이에서 타 국가로 이직

2015년 두바이 아메리칸 병원에 온 **41호 취업자**는 한국 에이전시 힘을 빌리지 않고 두바이 현지 에이전시의 도움을 받아 본인 스스로 잡서칭을 하여 프로메트릭 시험, 면허 절차 등을 직접 알아보고 합격한 경우다(한국과 달리 현지 에이전시의 도움을 받아도 에이전시 비용을 취업자가 지급하지 않는다). 특히 **41호 취업자**는 경력이 프로메트릭 자격 요건 중 최소한의 경력이었지만 취업에 성공한 것이다. 그런데 생각보다 급여가 많지 않다고 판단을 하여 아메리칸 병원에 다니면서 이직을 준비했다. 다시 본인이 직접 병원 웹사이트 등을 검색하며 구인공고를 보고 계속 지원하였다. 참고로 당시 병원 중환자실(ICU) 간호사 급여는 주거 수당 포함하여, 한 달에 15,000디람(450만 원) 정도였다. 그렇게 여러 곳에 지원한 결과 **41호 취업자**는 **영국 NHS** 병원으로 이직에 성공했고 병원에서 근무 후 현재는 영국 Kings College London 대학원에서 공부하고 있다. **41호 취업자**는 월드잡 또래 멘토로도 활동하고 간호사 관련 전자책도 집필하였다. 월드잡에 있는 영국 간호사 진출을 위한 클래스 영상을 보면 많은 도움이 되리라 여긴다.

라스 알카이마 왕립병원(SKSH) 병원에서 근무하던 **42호 취업자**는 약 5년간 왕립병원에 다니다 미국 뉴욕 병원으로 이직했다. 병원에 근무하면서 **NCLEX**와 **IELTS** 점수를 이미 준비했고 JCI 인증을 받은 왕립병원의 경력을 바탕으로 무난하게 이직에 성공하여 현재 뉴욕에서 잘 정착하고 있다. 아울러, UAE에서 근무한 다수의 간호사가 **뉴욕**에 있는 병원에서 근무 하고 있기도 하다.

2015년 두바이 **아메리칸** 병원에 온 **43호 취업자**는 한국 병원에서 중환자실 경력이 있었고 아메리칸 병원에서도 중환자실(ICU)에서 근무했다. 처음부터 미국 진출을 위해 두바이 병원에 온 **43호 취업자**는 병원에 다니면서 계속 공부를 하여 **NCLEX** 시험에 합격하고 영어 공부도 꾸준히 했다. 그러다 아부다비 클리블랜드 병원이 급여나 근무 여건이 아메리칸 병원보다 좋다고 판단해 클리블랜드로 이직했다. 이직하면서 **IELTS 점수**를 획득했고 **클리블랜드**에 다니면서도 계속 미국 간호사 준비를 했다. 마침내 2019년에 **뉴욕 간호사**로 진출 할 수 있었다. 뉴욕 병원에서 근무하다 코로나로 잠시 한국에 와서 월드잡을 통해 미국 간호사 진출 관련 강의도 하고 캘리포니아로 이직을 하기 위해 토플 시험도 준비했다. 현재는 **캘리포니아 Orange County**에서 TN 간호사로 근무하고 있다.

• 간호사 외 진로

간호사 외에 테크니션(방사선사, 초음파사 등)의 경우엔 국내로 복귀한 경우도 있다. **44호 취업자**는 아부다비 한국계 병원에서 운영하는 **아부다비 마리나 병원**에서 근무하다 2016년 **클리블랜드** 병원으로 이직했다. 당시 초음파사로는 많은 연봉을 받고 이직을 했는데 그 이유 중의 하나가 당시 병원에서 미국 인증 초음파 관련 자격증을 가진 초음파사가 매우 드물었기 때문이다. 클리블랜드 아부다비에서 초음파사로 근무한 후 한국에 복귀하여 현재 대학에서 학생들을 가르치고 있다.

　간호학과를 졸업했지만, 병원 행정에 관심이 많아서 **SKSH 왕립병원**으로 온 **45호 취업자**는 병원 **HR 부서**에서 채용 담당을 했다. 병원에서 2년 정도 근무를 하다가 샤르자 대학 내에 있는 **H 병원**으로 이직을 하여 채용 담당 등 업무를 하고 있다. 샤르자 대학병원 소속이어서 대학 학비도 50% 감면이 되는 등 많은 혜택이 있고 이직 시 당연히 연봉도 상승했다. 참고로 현지 병원에서 HR 등 사무직을 채용할 땐 간호학 전공을 선호한다.

　지금까지 살펴본 것처럼 간호사의 경우 해외취업 진로는 두바이-영미권 국가로의 루트를 따라 움직이는 것을 알 수 있다. 물론 두바이에서만 계속 거주하고 결혼해 정착하는 경우도 있다. 다만 다른 직종과는 다르게 국내로 복귀하여 국내 병원 간호사로 다시 이직하는 경우는 많이 없다. 간호사도 다른 직종과 마찬가지로 두바이로 취업할 당시 소위 말하는 스펙이 그렇게 좋은 것은 아니었다. 영어 점수 없는 간호사도 있었고 명문대 출신도 아니고 지방대 출신이 다수였다. 그런데도 대부분 근무하면서 끊임없이 노력하여 실력을 쌓아 새로운 기회에 도전하였다. 무엇보다 막연히 생각만 하지 않고 계획을 세워 바로 실행했던 것이 더 나은 곳으로 이직을 할 수 있었던 바탕이 된 듯하다.

디자인

디자인 취업자 진로

신입 - 두바이 - 두바이 회사로 이직(중견업체-대기업 혹은 글로벌 기업)
경력 - 두바이 - 두바이 회사로 이직(대기업-글로벌 기업 혹은 현지 기업)
　　- 타 국가 이직
　　- 국내 복귀

두바이는 전시 관련 행사가 많다 보니 디자인 직종에 대한 수요가 많다. 아울러, 앞서 언급했듯이 꼭 디자인 관련 학과를 나오지 않더라도 디자인 회사에 취업할 수도 있다. 한국보다 여유로운 직장 환경에 더 많은 급여를 받는 디자인 직종 취업자의 진로는 어떻게 전개될까? 먼저 두바이 디자인 회사에 취업한 취업자의 수기를 한번 보자. 아래 취업자 수기는 내가 몇 가지 질문을 하고 취업자가 답변하는 형식으로 2016년도에 작성한 것을 분량에 맞게 조절한 것이다. 무경력, 비전공자, 졸업 예정자로 디자인 회사에 어떻게 취업을 했는지에 대한 내용이 잘 나와 있다.

디자인 직종 수기

1. 업무 소개
저는 2016년 4월 1일부터 근무를 시작하여, 프로젝트 매니저 팀에서 일을 시작하여 근무하고 있습니다. 제가 하는 일은 인테리어 혹은 전시 부스 장치 프로젝트를 수주받아, 해당 프로젝트별로 담당 디자이너, 전문 설치 인력, 그리고 제작을 담당하는 로컬 회사와 협력하여 디자인 및 제작에 대한 견적및 스케쥴을 기반으로 전반적인 관리 및 감리를 담당하고 있습니다.

2. 취업 경로
2015년 해외전시 인턴 프로그램을 통해 두바이 코트라 무역관 전시 인턴에 파견되어 약 6개월 동안, 전시팀에서 이루어지는 여러 해외전시에 참여할 수 있었습니다.

3. 취업 정보, 잡 공고 지원 방법
인턴 기간, 사내 직원분들께 다양한 조언과 취업 정보를 접할 수 있었고, 국내 구인 사이트를 이용하여 공고를 확인했습니다. 무엇보다 월드잡의 도움을 많이 받았습니다. 또한 산업인력공단 두바이사무소 담당자분의 도움을 받아, 현 두바이 내 지원 가능한 구인정보를 많이 접할 수 있었습니다. 실제 현 회사에 입사하게 된 것 또한 코트라 내 K-MOVE, 산업인력공단 담당자분이 알려 주신 정보를 통해 지원하고 입사할 수 있었습니다.

4. UAE 취업의 장단점
UAE 취업의 장점은 먼저 다양한 직군의 여러 다국적 회사들이 밀집해 있어, 다양한 경력의 구직자들에게 정말 좋은 기회가 될 수 있다는 점입니다. UAE 노동 규정상, 직원들에 대한 복지가 규정되어 있어, 연 22일(WORKING DAYS) 휴가 및 휴가 시 1년 1회 내 고국으로 가는 비행편 제공, 보험 등의 혜택을 받을 수 있습니다. 또한, 세금이 없다는 점이 큰 장점이고 다문화 국가인 만큼 사내 다양한 국적의 직원들과 함께 일할 수 있고 성장할 수 있다는 점 또한 큰 기회이자 장점이라고 생각합니다.

단점이라고 하면, 만약 자택을 회사에서 부담해 주지 않을 경우 스스로 부담해야 하는 주거 비용이 매우 크다는 점이 있습니다. 또한, 지역적 특성상, 외부에서 일하는 직종일 경우 날씨의 물리적인 영향을 받을 수 있다는 점이 단점으로 작용할 수 있습니다.

5. 구직자에 대한 조언

해외취업을 하기 위해서는 우선 그동안 내가 자라왔고, 성장해 왔던 고국과 가족과 지인들과 떨어져 타국에 혼자서 살아갈 수 있다는 마음가짐과 준비가 필요한 것 같습니다. 언어와 자금 문제가 해외에 도착했을 때는 당장 문제가 될 수 있겠지만, '취업'이라는 장기적인 관점에서의 해외 생활에 필요한 것은, 스스로 생활을 책임질 수 있는 생활력과 마음가짐, 새로운 환경에 적응할 수 있는 개방된 자세와 준비라 여깁니다.

그리고, 만약 원하는 일을 찾으셨다면, 자신에게 해당하는 조건과 복지를 꼼꼼하게 챙겨, 후에 타국에 왔을 때 문제가 되지 않도록 미리 오기 전에 확인하는 것이 중요할 것 같습니다. 또한, 일하고자 하는 지역이 확실하게 정해져 있다면, 해당 국가의 직업 소개서나, 코트라 혹은 산업 인력 공단과 같은 현지에 나와 있는 국내 공공기관의 전문적인 도움을 받는 것이, 스스로 인터넷으로 찾아보거나, 연락하는 것보다 더 좋은 기회를 얻을 수 있다고 봅니다.

눈을 조금만 돌린다면, 더 넓은 세상에 더 많은 회사에 기회가 있는 것을 말씀드리고 싶습니다. 혹자는 "나는 언어가 되지 않아서…."라고 생각하거나 계획조차 하지 않으시는 분들도 있습니다. 하지만, 현지에 있는 한인들과 개인적인 의견을 말씀드리면, 모두가 완벽한 언어를 구사하지 않는다는 점을 알려드리고 싶습니다. 오히려 현지에 나와 있는 한국 회사에서 업무를 시작하고, 현지에서 언어를 더 공부하고 발전시켜 외국계 회사로 이직하는 경우를 많이 봐 왔습니다. 그렇다고 아예 영어나 해당 외국어 능력이 제로인 상태로 도전하는 것을 추천하는 것은 아닙니다.

제가 말씀드리고자 하는 것은, 해외취업을 막는 것은, 부족하다고 생각하는 외국어 실력이 아닌, 새로운 시장을 접해야 한다는 막연한 부담감과 두려움이라 생각합니다. 만약 해외취업을 조금이라도 생각하고 계신다면, 그런데 어떻게 어디서부터 시작해야 할지 몰라 고민이 된다면, 바로 도움을 받으시길 바랍니다.

• 두바이 내 이직

언급한 수기에도 나와 있듯이 두바이 한국계 디자인 회사에 취업한 **46호 취업자**는 디자인 관련학과도 아니고 관련 경력도 없는 상태에서 두바이에서 인턴 6개월을 한 경력으로 지원해 합격한 경우다. 2016년 초 인턴이 끝나고 두바이 마리나에서 이력서를 받으며 상담을 하고 난 후 두 달 만에 취업에 성공했다. 이후 46호 취업자는 **퍼블릭 프로**에서 1년 정도 일하다 두바이 **Pico**로 이직에 성공했는데 급여도 50% 이상 오르게 된다. 물론 모든 취업자가 1년간 한국회사에서 근무하다 글로벌 전시 전문 회사로 이직을 하면서 급여도 1.5배 이상 받는 것은 아니다. **46호 취업자**는 상사가 일을 시키기 전에 알아서 먼저 하는 Pro-Active의 전형적인 모습을 클라이언트가 좋게 보면서 이직으로까지 잘 이루어진 경우다. 기회가 있을 때 그 기회를 잡기 위해선 실력도 중요하지만, 평판도 중요하게 작용함을 알 수 있다. **46호 취업자**는 2020년 12월인 지금도 인근 중동지역으로 출장을 다니며 바쁘게 지내고 있다. **46호 취업자**의 자세한 얘기는 월드잡 취업자 인터뷰에서도 볼 수 있다.

월드잡 공고를 보고 지원하였는데 마침 Mashreq Bank 채용 담당자가 한국에 와서 면접을 진행하여 합격하게 된 **47호 취업자**는 영국에서 유학도 하고 **디자인 경력**도 있어 2017년 **Mashreq Bank**의 UI/UX 디자이너로 다소 수월하게 취업할 수 있었다. 그런데 Mashreq Bank가 회사 자체는 좋은 편이었지만 급여가 생각보다 적다고 생각해서 2년 차에 회사와 연봉협상을 했다. 그러면서 동시에 이직도 준비했는데 마침 **Smart Dubai Government**(두바이 정부)에서 오퍼를 받게 되어 이직에 성공했다. Mashreq Bank가 중동지역에서 소매금융 1위의 회사라 경력 면에서 많은 인정을 받아 두바이 정부로 이직을 할 수 있었다. 이직하면서 연봉도 60% 이상 상승했다.

참고로 디자인 회사에 디자인직으로만 취업하는 건 물론 아니다. **48호 취업자**는 디자인 전공은 아니지만, 디자인 회사에서 근무하고 있다. 처음에 에미레이트 항공 지상직으로 두바이에 발을 들여놓았으나 좀 더 다양한 업무를 하고 싶다는 생각에 일찍부터 이직을 준비하여 두바이 ○○**은행**으로 이직했다. 은행에 다니면서 평소에 가고 싶었던 회사에 일자리가 나서 지원했고 두바이에서 5년 정도의 경력을 발판삼아 마침내 원하던 **H 두바이 법인**에 이직하여 현재까지 잘 다니고 있다.

반대로 디자인 회사에서 일반 회사로 이직 하는 경우도 있다. **디자인 전공**으로 두바이 대기업 **디자인 회사**에 인턴으로 와서 정직원이 된 49

호 **취업자**는 평소 승무원 생활을 해 보고 싶어서 다니던 디자인 회사를 그만두었다. 항공기 불시착 여파로 에미레이트 항공 채용은 보류된 상태였지만 두바이 현지에 있는 만큼 다른 항공사 면접의 기회를 어렵지 않게 잡을 수 있었다. 디자인 전공에 두바이에서의 경력을 인정받아 **두바이 LCC 항공**으로 이직에 성공했다. 그러나 비행이 겉보기와 달리 생각만큼 본인 적성과는 맞지 않는다는 것을 알게 되었고 1년을 다니다 그만두고 다시 아부다비에 있는 **한국계 기업**으로 이직을 했다.

· 두바이에서 타 국가로 이직

디자인을 전공하고 한국에서 디자인 회사 경력이 있었던 **50호 취업자**는 HSAd **두바이**로 입사했다. 이후 사우디아라비아로 파견을 가서 근무하다 2017년 **싱가포르** 제일기획으로 이직을 하게 된다. 2년 동안 팀 리더로 근무하다 2019년 **베이징** 제일기획으로 다시 이직했고 Senior Account Manager로 근무 중이다. 대략 2년마다 승진을 하며 이직하게 된 셈이다. 최근에는 인도네시아 **자카르타**로 이직 했다.

· 국내 복귀한 경우

2016년 12월 두바이에 여행을 왔다가 생각보다 날씨도 좋고 살기가 좋아서 한 달간 두바이에 체류하던 **51호 취업자**는 **우연히** 상담하다 취업으로 연결된 케이스다. 두바이 체류 당시 마침 두바이 대기업 전시 회사에서 채용을 진행하고 있어서 바로 지원하고 면접을 볼 수 있었다. 디자인 관련 석사에 경력까지 있어 회사가 원하는 직무와 잘 맞아서 어렵지 않게 취업에 성공했다. 1년간 두바이에서 생활하다 본인 디자인 관련 경력을 살려 국내로 복귀하여 서울에 있는 디자인 관련 회사로 이직에 성공했다.

두바이 디자인 직종으로 진출한 취업자를 보면 대부분 한 회사에서 1년 이상 일하게 되면 연봉협상을 한다. 연봉협상을 진행하면서 동시에 이직도 염두에 둔다. 이직하면 보통 50% 정도 연봉 인상이 되거나 훨씬 더 좋은 곳으로 가는 것을 볼 수 있었다. 그렇다고 모두 이렇게 높은 연봉을 받고 이직을 하는 것은 아니다. 앞서 언급한 것처럼 취업자 개인 성향 및 개인 능력에 따라 다르다. 탁월한 성과를 냈는데도 본인 월급이 적다고 생각한 경우는 연봉협상에 적극적으로 임해야 한다. 연봉 인상이 안 되고 승진의 기회마저 없다면 다른 회사로 이직을 하는 것이 좋다. 한국과 달리 두바이에선 이직이 일상화되었기 때문이다.

기타

아울러 언급되지 않은 직종에 취업하여 이직하고 현재까지 계속 두바이에서 근무하고 있는 경우도 많이 있다. 그중 **52호 취업자**는 2015년에 두바이 학원에 **영어 강사**로 취업한 경우다. 두바이는 생각보다 학원 수요가 많이 있는 곳이고 학원 수강료도 비싼 편이라 강사 급여도 적지 않은 편이었다. 그런데 두바이에서 학원 강사를 하다 보니 본인이 **학원 창업**을 하면 더 잘할 수 있으리라 생각을 하여 2017년에 아부다비에서 학원을 창업했고 지금까지 잘 운영하고 있다. 그런데 신기하게도 2019년에 월드잡 취업박람회를 통해 Emaar Group의 Address Downtown 호텔 프런트 데스크에 취업한 **53호 취업자**가 코로나로 호텔 운영이 어려워지자 무급휴가를 가거나 국내로 잠시 복귀해야 했는데 **52호 취업자**가 창업한 아부다비 학원 **리셉션**으로 2020년 9월에 이직하게 된 점이다. **53호 취업자**는 코로나로 한국으로 돌아올 뻔한 상황에서 이직하고 경력을 이어 나갈 수 있게 되어 무척 만족해하며 지내고 있다.

이처럼 두바이에 취업하면 두바이에서만 근무하고 생활하는 것이 아니라 미국, 영국, 체코, 몰디브, 인도네시아, 베트남, 싱가포르, 중국, 스위스 등 세계 각지로 이동하면서 생활하는 것을 알 수 있었을 것이다. 물론 취업자들이 두바이에만 취업했던 것은 아니다. 사우디아라비아, 쿠웨이트 등 다른 국가 또한 있었지만, 여기에선 UAE에 한정해서 소개했다. 또한, 국내 취업 환경 기준으로 봤을 때 두바이 취업자의 소위 말하는 스펙이 그렇게 높지도 않았다. **모든 직종**에서 흔히 말하는 SKY라 칭하는 명문대 출신은 거의 없었다. 굳이 취업자의 평균을 내 본다면 **지방대 출신이면서 인문계에 여자가 다수**라 볼 수 있겠다.

그럼에도 취업 후 1년 만에 승진하고, 1년 만에 연봉이 50% 이상 상승하기도 한다. 간호사 같은 일부 직종에선 연봉 1억도 받는다. 남들이 가지 않은 곳을 살펴봤고 바로 실행에 옮기는 과감한 도전 정신이 비결 중의 하나가 아닐까 생각한다. 그러면 혹시 해외취업에 적합한 DNA가 따로 있는 것일까? 50여 명의 취업자 사례를 보면 공통적인 요소는 노마드(Nomad) 기질이 있는 청년이 많았다는 것이다. 대학 때 해외로 언어 연수를 간다든지, 인턴으로 해외에서 일한 경험이 있거나 이 문화에 대해 거부감이 없는 청년이 해외취업에 좀 더 적극적이고 업무에 잘 적응한 듯하다.

그러면 이제 구직자로서 어떻게 하면 취업의 추월차선을 탈 수 있을지 알아보자. 그전에 정부에선 왜 해외취업을 활성화하려고 하는 것일까? 정착지원금도 지원해 주고 취업 연수도 지원하는 등 해외취업 관련하여 지원하는 것은 많다. 해외취업을 한다고 정부에서 취업자에게 정착지원금을 지원해 주는 나라는 아마 많이 없을 것이다. 자 그럼 정부에서 해외취업을 장려하는 이유부터 한번 알아보자.

IV. ——— 추월차선 타는 방법

오만 수도 무스카트 모습. 두바이와 달리 바다와 산이 함께 있다. 뻥 뚫린 차선이 인상 깊다. 이 사진을 보고 이 책 취업의 추월차선 표지 이미지를 구현했다.

1. 해외취업 방향

해외취업 왜 할까?

번호	선택지	응답	비율
1	경력개발	627	30.3%
2	일과 삶의 균형	373	18.0%
3	어학역량 향상	370	17.8%
4	해외거주	354	17.1%
5	근로조건 기타 (임금·복리후생 등)	348	16.8%
총계		2,072	100%

※ 2020년 11월 월드잡플러스 구직자(대학생) 대상 설문 조사

매년 월드잡에서 구직자 대상으로 해외취업을 하려는 이유 등에 대

해 설문 조사를 한다. 상기 표는 최근 대학생 2,072여 명을 대상으로 설문 조사를 한 것인데 해외취업을 하려는 가장 큰 이유는 경력개발이라고 나온다. 더 객관적인 지표를 위해 토익위원회에서 2019년 8월(6,000명) 설문 조사를 한 결과에 의하더라도 해외취업을 하고 싶은 이유에 대해 첫 번째가 해외 경험(경력), 두 번째가 연봉, 복지 등 해외 근무환경이 더 좋을 거 같아서 등의 순서로 나온다. 월드잡에서 하는 설문 조사 결과와 크게 다르지 않다. (토익 스토리, 2019. 8. 28.)

정부 차원에서 해외취업을 장려하고 지원을 하다 보니 '국내 취업이 어려우니까 해외로 보내려 하는구나!'라고 생각할 수도 있다. 물론 국내 취업이 어려운 것도 사실이고 코로나 시대인 지금은 N포를 넘어 꿈포(꿈을 포기하는) 세대라 불릴 정도로 많은 청년이 취업 등 현실에 좌절하는 것도 사실이다. 물론 국내 청년 실업 해소 차원에서 해외취업을 장려하는 것도 맞는 말일 수 있다. 그런데 그보다는 글로벌 인재를 양성하여 핵심 역량을 갖춘 유능한 인재로 성장해 나가도록 지원을 하고 해외에서 쌓은 경력을 바탕으로 국가 경쟁력에 이바지하도록 하는 것이 해외취업의 목표라고 생각한다.

개인적으로 해외취업을 장려하는 이유 몇 가지를 들어보겠다. 먼저, 해외취업을 하면 보다 더 한국을 잘 알 수 있게 된다. 1907년 노벨문학상을 받은 러너드 키플링의 시 '영국의 깃발'에는 이런 표현이 있다.

'영국밖에 모르는 사람이 영국의 무엇을 알고 있단 말이냐'

해외에 가 본 적이 있는 사람이 안 가 본 사람보다 훨씬 더 영국에 대해 잘 알고 있다는 말이다. 이것은 현재 우리에게도 마찬가지 의미일 것이다. 해외에 나가게 되면 거주하는 국가와 한국과의 비교를 통해 장단점을 알 수 있게 되어 한국에 대해 더 잘 알게 된다. 사실 해외에 살다 보면 빠른 인터넷, 깨끗한 지하철, 치안이 좋고 빠른 서비스 등 한국의 장점이 정말 많다는 것을 새삼 느끼게 된다.

둘째, 국내 취업보다 공정할 수 있다. 최근 한국경제신문에서 조사한 공정성 설문 조사를 보면 한국 사회는 성공을 위한 기회가 얼마나 공정하게 보장되는가에 대한 물음에 불공정하다고 답한 비율이 60%가 넘은 것을 볼 수 있다. (2020. 10. 5.) 또한, 채용플랫폼 사람인이 채용 공정성에 대한 조사에서 국내 취업 시에 불공정을 경험했다고 답한 비율이 39%에 달했다. (2020. 8. 26.) 그런데 해외취업 시에는 학교 간 차별보다는 실력을 더 중요히 여긴다. 두바이에 있는 기업에 지원하기 위해선 토익 고득점도 명문대도 크게 영향을 미치지 못한다. 직무와 관련된 경력 및 경험을 제일 우선으로 보고 성취도 등 객관적인 지표를 통해서 파악하기에 국내 취업보다는 더 공정할 수 있다. 사실 외국 기업은 한국의 대학 명성이나 토익이란 시험에 대해 잘 모른다.

마지막으로 해외취업을 하면 경력과 연봉 2개를 잡을 기회가 생긴다. 보통 해외취업 시 경력개발을 잘할 수 있거나 연봉을 많이 받을 수 있거나 둘 중 하나만 얻어도 성공적이라 볼 수 있는데 2개 모두를 얻을 기회도 생긴다. 앞서 소개한 두바이 PICO 취업자의 경우는 경력개발과 고연봉 2개 모두를 잡은 경우라 볼 수 있다. 이처럼 두바이에 취업하게 되면 무경력자라도 정식 취업비자를 받고 입사를 하게 되므로 경력개발을 하는 데 유리하고 능력에 따라 빠른 승진 및 고연봉도 기대할 수 있게 된다.

그렇다면 해외에서 경험을 쌓고 보다 나은 환경에서 일해 보고 싶다는 구직자들의 희망을 충족시키기 위해 어떤 방향으로 해외취업을 지원해야 할까?

해외취업 활성화?

공단은 해외취업 주무 기관으로 해외취업 활성화를 위해 큰 노력을 해 왔다. 1998년 13명의 청년을 해외취업으로 연계한 이래 2020년 현재까지 약 50,000명이 해외로 진출했다. (월드잡 홈페이지) 이를 위해 공단은 K-Move 스쿨(잠재력이 있는 청년을 대상으로 맞춤형 교육을 제공하는 프로그램), 민간알선 기관을 통한 취업연계, 취업 후 초기 정착을 지원하는 정착지원금 등 사업을 하고 있다.

그런데 개인적으로 아쉬운 부분이 있다. 사견이지만 해외취업의 핵심을 '해외 일자리 발굴'로 보고 있다. 그런데 이에 대한 많은 부분이 민간 기관이나 코트라 등 다른 기관의 협력을 통해 이루어지고 있다 보니 해외취업 사업에 다소 애로 사항이 존재하는데, 설명하자면 이렇다.

해외취업이 잘되기 위해선 우수한 구직자를 좋은 기업에 연결해 주는 것인데 좋은 기업을 제대로 발굴하지 못하면 우수한 구직자를 매칭시키기 어렵다. 혹자는 우수 구직자가 있어야 좋은 기업에 소개해 주는 데 우수 구직자가 없으니 매칭이 잘 안 된다고도 한다. 예전이라면 일견 맞는 말일 수도 있다. 하지만 지금은 해외취업정보망인 월드잡플러스 플랫폼이 있기에 우수 기업, 좋은 일자리를 많이 발굴하면 우수 구직자 발굴은 자연스럽게 될 수 있다. 물론 Data Scientist, 인공지능 분야 같은 전문 직종의 경우엔 별도의 구직자 발굴이 필요하지만, 대부분은 우수 기업의 일자리만 잘 발굴해도 해외취업을 촉진할 수 있다.

그런데 해외 우수 기업 발굴이 잘 안 되다 보니 우수 구직자와의 상담 시 어려움이 있다. 민간 기관 및 다른 기관과의 협력을 통한 일자리 발굴, 사후관리 등도 필요하겠지만, 공단이 해외취업 사업의 주체인 만큼 해외 사무소 설립이나 직원 파견을 통해 우수 기업 발굴, 사후관리를 책임지는 것이 필요하다고 본다(다행히도 이 글을 쓰고 있는 시점에서 해외취업관련 법이 개정되어 공단에서도 해외 일자리 발굴에 적극적으로 대응할 수 있는 길이 열리게 되었다).

　나는 두바이에 있는 3년간 해외취업 업무를 하면서 600여 개의 일자리를 발굴하고 139명을 두바이 등 중동지역에 진출하도록 지원했다. 또한, 기업 간 네트워크 구축을 통해 얻은 최신 정보 등을 월드잡에 게시하여 구직자에게 양질의 서비스를 제공하였다. 무엇보다 현지에 있는 취업자들의 고충 및 노무 관련 상담을 통해 애로사항을 해소하려고 노력했다.

> 어제 상담받았던 ○○이라고 합니다. 어제 회사와 합의를 보았습니다. (중략) 어제 친절하고 걱정해 주시며 상담해 주셔서 정말 감사했습니다. 회사가 하는 대로 당할 수밖에 없는 힘없는 직원의 처지에서 상담만 받아도 든든했습니다(2016. 4. 11. A 기업취업자 문자 내용 중 일부).

　참고로 앞서 언급한 것처럼 두바이 등으로 연평균 약 45명이 취업했는데 이들의 평균연봉이 4,500만 원 정도였으니 연 20억 이상의 외화도 창출한다고 볼 수 있다. 물론 취업자들이 얻은 경력은 금전으로는 환산할 수 없는 소중한 개인의 경력개발이 되는 셈이다. 또한, 이렇게 월드잡으로 해외 진출한 취업자를 멘토로 연계하여 국내 구직자 대상으로 취업자가 직접 취업 노하우를 알려 줄 수 있다.

　이렇듯 월드잡(공단)에서 해외취업 알선을 주도적으로 추진하면 우수 일자리 발굴, 사후관리, 네트워크 구축, 정보제공 사업 등이 하나의 테두리 안에서 맞물려 돌아갈 수 있게 된다. 해외취업 관련 법 개정으로 공단에서 더 적극적이고 주도적인 역할을 할 수 있게 된 만큼 2021년 이후에는 해외취업 활성화가 더 잘되리라 여긴다.

DT 시대 해외취업은?

21세기는 데이터의 시대이다. 21세기의 원유라 불리는 데이터는 그 주권을 누가 갖느냐에 따라 앞으로 기업의 성패가 좌우될 것이라 한다. 내가 두바이에 있었던 2016년에 알리바바의 마윈이 KBS에 출현하여 21세기 특히 향후 30년간은 DT의 시대가 될 것이라고 얘기했을 때 그 의미가 잘 와닿지 않았다. 그도 그럴 것이 IT 시대에는 내가 정보를 갖게 되면 상대방은 갖지 못하는 것이기에 그렇고, DT 시대에는 IT 시대와는 정반대로 서로 간의 공유를 통해 발전한다는 그 말의 의미가 매우 추상적으로만 들렸기 때문이다. 그런데 2021년 현재, 세상은 이제 DT 시대로 들어선 거 같다. 유튜브를 통해 내가 가진 지식을 공유하면서 수익을 창출하고, 경쟁하지 않고 협력만 잘하더라도 성장할 수 있다는 것을 새삼 느낄 수 있게 된다.

그렇다면, 해외취업에서 데이터의 핵심은 무엇일까? 글로벌 기업? 우수 구직자? 해외취업 플랫폼? 이 모든 것이 다 필요한 데이터이겠지만 해외취업에서 데이터의 핵심은 바로 취업자(구직자)라 생각한다. 기존에는 우수한 구직자를 좋은 기업에 소개해서 매칭을 해 주는 데 그쳤지만, 앞으로는 잠재적인 구직자(이직을 염두에 둔 구직자)까지도 매칭 할 수 있도록 준비해야 한다. 주변의 지인 추천 등을 통해 이직해 온 잠재적 구직자에게 이제는 이들을 찾아내서 먼저 좋은 해외 일자리를 제안해야 해외취업이 활성화될 수 있다고 본다.

해외에선 국내와 다르게 이직이 자유롭고 이직을 하는 것에 대한 거부감이 없다. 취업자와 구직자로 양분되는 것이 아니라 취업자가 이직을 위한 구직자가 되기도 한다. 일단 해외취업자가 되면 잠재적인 구직자가 되는 셈이다. 이런 잠재적인 구직자까지 지원하기 위해선 앞서 말한 바처럼 기업 발굴부터 사후관리까지 일관되게 One-Stop으로 운영을 하고 담당자가 책임지고 관리하는 것이 필요하다. 특히나 기업 발굴은 외부기관의 힘을 빌리는 것보단 월드잡(공단) 담당자가 직접 할수록 더욱 효과적이다. 그래야 구직자에게 좋은 기업 등을 제대로 소개해 줄 수 있으며 혹시라도 모를 취업 사기 같은 것도 미연에 방지할 수 있게 된다.

· 아직도 취업 사기가?

국내와 달리 해외기업에 대해선 구직자들이 잘 모르는 경우가 많다. 구글 등 검색을 통해 기업을 잘 알 수 있다고 하지만 제대로 알기가 쉽진 않다. 여기 한 사례를 보자. 2018년도에 UAE 알 살라마 병원으로 부터 오퍼 레터(계약서)를 받은 간호사는 연봉 1억 5천만 원을 제시받 았는데 병원 측에서 취업비자 비용을 먼저 지급해야 비자가 진행된다 고 하는데 이것이 맞는 것인지 문의한 경우가 있었다. UAE는 취업비 자 비용을 100% 회사에서 지원하므로 비자 관련 비용을 요구하는 경 우는 거의 다 사기라고 보면 된다. 구직자가 보내 준 오퍼 레터를 보니 진짜 오퍼 레터와 크게 다르지 않아 구직자가 속기 쉬웠다. 알 살라마 (Al Salama) 병원은 앞서 언급한 것처럼 급여 수준이 낮아서 한국 간호 사 채용 진행이 안 된 곳이었다. 병원에 직접 방문해서 담당자 등을 잘 알고 있었기에 오퍼 레터가 가짜임을 알 수 있었고 구직자는 취업 사 기를 당하지 않을 수 있었다. 이렇듯 현지 상황, 기업 정보 등을 정확 하게 파악하여 구직자에게 알려 주면 구직자는 월드잡(공단)을 더욱 신뢰하게 된다.

Know Who? - Know How? - Know Where?

일자리를 발굴하는 것의 요체는, 기본적으로 해외에 있는 글로벌기 업의 담당자를 아는 일로 귀결된다고 볼 수 있다. 월드잡(공단)이 기업 에 대한 노후(Know Who) 역할(어떤 해외기업이 좋은지 아는 것)을 제대로 하면 구직자는 안심하고 기업에 지원할 수 있다. 구직자는 취 업 방법(Know How)을 배워 준비하면 된다. 구직자가 어떻게 준비하면 되는지는 후술하는 취업의 추월차선 방법에서 소개하고자 한다.

이렇게 공단이 노후(Know Who) 임무를 수행하여 일자리를 적극적으로 발굴하고 구직자에게 기업에 대해 상세한 설명을 하면 구직자는 노하우(Know How)를 잘 습득하여 우수 기업에 지원해서 합격한다. 그 후 공단은 합격자 대상으로 출국 전 오리엔테이션을 수행하고 현지에서 노무 상담, 정착지원, 이직 상담 등을 한다. 아울러 출국하여 현지에 잘 정착한 취업자를 멘토로 위촉하여 구직자 대상 프로그램 등을 진행한다. 구직자는 월드잡을 통해 취업한 취업자를 본보기로 삼고 준비한다. 이러한 취업자와 구직자 및 공단 담당자와의 끊임없는 소통과 일련의 과정이 곧 취업자의 경력개발이 되고 유의미한 경력개발 시스템이자 정부가 지원해야 할 해외취업 지원 방향(Know Where)이 아닌가 싶다.

2. 추월차선을 어떻게 탈 수 있을까?

　해외취업을 어떻게 준비하면 좋을까? 일반적인 구직자라면 대부분 평소에 이력서 첨삭을 받고 면접 관련 강의를 들으며 준비한다. 또한, 취업박람회에 참여도 해 보고, 평소 네트워킹을 구축하고, 링크드 인을 활용하면서 기업체 정보도 수집한다. 맞다. 올바르게 준비하고 있다. 그런데 초반에 언급한 것처럼 영어로 의사소통이 되고 관련 경력(경험)을 보유하고 자신감과 도전 정신을 갖추면 두바이에 진출할 수 있는 기본 자격이 된다고 했다. 그 기본 사항을 바탕으로 여기에선 두바이뿐 아니라 타 국가로 지원하려는 구직자도 있는 만큼 세부적으로 어떻게 준비해야 하는지 직종별로 알아보고자 한다.

사무직

해외취업 상담을 하면 대부분 구직자는 해외에서 한 번쯤 살아 보고 싶다는 생각을 하고 미국, 캐나다, 호주 등에 대해 문의하는 경우가 많다. 최근 설문 조사에 의하면 대학생들의 해외취업 희망 국가는 미국, 일본, 호주, 캐나다 순으로 나온다. (2,072명 월드잡 설문 조사, 2020. 11.) 매년 설문 조사를 하지만 거의 비슷한 순위로 나온다. 그런데 이중 일본은 정식 취업비자를 받고 가는 것이지만 그 외 미국, 호주 등은 인턴 비자나 워킹홀리데이 비자로 가는 것이라 구별해서 준비해야 한다. 사무직 무경력자의 경우는 인턴 등으로 해외로 진출한 다음 경험을 쌓아 1년 안에 국내로 복귀하여 취업을 준비하는 것이 목적인지 아니면 정말로 해외취업을 하려는 것인지 타깃 설정부터 하는 것이 필요하다. 그럼 사무직 해외취업은 어떻게 준비할까?

신입 - **인턴/ 체류** + 다양한 정보 + (이력서, 면접)
경력 - **관련 경력** + (이력서, 면접)

무경력으로 취업한 사례를 갖고 한번 설명해 보자.

대학교 4학년인 A는 마지막 학기 중 학교에서 시행하고 있는 두바이 해외 인턴십 과정에 지원했다. 그러면서 동시에 서울해외취업센터에서 무료로 제공하는 아카데미 이력서 첨삭 과정을 수강하면서 준비

한다. 또한, 친구로부터 두바이에도 해외취업을 지원해 주는 곳이 있다는 것을 듣고 두바이 가기 전에 미리 연락해서 공단 담당자에게 두바이 취업 지원을 부탁한다. 두바이에 도착한 이후 인턴 일을 하면서 두바이에 있는 기업에 지원하며 면접을 본다. 면접을 마친 후에는 두바이사무소 해외취업 담당자에게 면접 피드백 등을 받고, 면접을 진행한 회사 담당자에게는 합·불과 상관없이 좋은 기회를 주어 고맙다는 메일을 보낸다. 이런 식으로 인턴을 하면서 기업에 지원한 결과 인턴 3개월을 마치기 전에 두바이 엘지전자에 합격하게 된다. 이 취업자가 지금도 두바이 엘지전자에서 근무하고 있는 민소ㅇ 씨다(민소ㅇ 씨 이야기는 월드잡 사무직 바로 알기에서 상세한 내용을 볼 수 있다).

또 다른 무경력자인 B는 해외취업에 성공한 선배의 소개로 서울해외취업센터에 와서 상담을 받고 이집트로 인턴을 가게 된다. 인턴을 하면서 주 카이로 대사관에서 주최한 한국 기업 간담회에 참석해 기업 담당자 등과 만나며 네트워킹을 해 나갔다. 간담회가 끝난 후에도 담당자에게 이집트 기업 및 현지에서 일자리를 얻는 방법 등에 대해 끊임없는 질문을 한다. 그렇게 인턴으로 일을 하면서 적극적인 구직활동을 하여 인턴 기간이 끝난 후 이집트 카이로에 있는 물류 회사에 취업하게 된다. 취업자 B의 자세한 이야기는 월드잡 이집트 취업자 V-log를 통해 만나볼 수 있다.

이 두 사례가 사무직 무경력자의 전형적인 코스는 아닐 수도 있다. 단지 해외에서 경험을 쌓고 국내에 복귀하여 국내 취업 준비를 한다면 미국 인턴도 나쁘지 않은 선택지가 될 수 있다. 하지만 무경력으로 해외 진출을 생각하고 있다면 사례와 같이 해당 국가에 인턴으로 가서 일하면서 알아보는 게 좋다. 인턴이 아니라면 원하는 국가에 한두 달 동안 체류해 보면서 일자리를 알아보는 것도 좋은 방법이 될 수 있을 것이다. 정식 취업비자를 받고 해외에서 계속 경력을 개발하며 지내기 위해 한두 달 해당 국가에 가서 체류하며 일자리를 알아보는 것이 금전적으로 부담은 될 수 있지만 충분한 값어치가 되리라 여긴다. 특히 앞서 언급한 것처럼 두바이로 한두 달 여행 왔다가 현지에서 취업한 사례가 많이 있으므로 충분히 고려해 볼 수 있을 것이다.

그럼 이제 사무직 경력자의 해외취업을 알아보자. 경력이 있으면 정식 취업비자를 받고 영국, 미국 등 선진국으로 갈 기회가 무경력자보다는 훨씬 많다. 물론 사무직이 IT, 간호사 등 전문 직종보다는 선진국으로 진출하기가 어려운 건 사실이다. 그래서 경력직으로 취업하기 위해선 두바이 등 신흥국가가 좋다. 물론 두바이도 경력직으로 취업하기 위해선 갖추어야 할 조건이 있다.

우선 서류심사를 통과해야 하는데 구직자 대부분은 서류전형에서 탈락한다. 외국계 회사는 한국과 달리 꼭 채용할 사람만 면접을 보기 때문에 한국보다 서류전형에서 합격하기가 더 어려운 건 사실이다. 서류합격을 위해선 어떻게 해야 할까? 영어를 못한다고 서류심사에서 탈락하는 것은 아니다. 영어를 잘하고 못하고는 면접 때 판별이 된다. 서류합격 여부는 관련 경력 일치성에 달려있다고 보면 된다. 경력 일치 판단 여부는 잡 공고 내용을 보면 잘 알 수 있다. 예를 들어 **두바이 ○○전자 회사에서 모니터 마케팅 경력 5년 이상의 채용공고가 있을 경우** 자동차 마케팅 분야 5년 이상의 경력을 갖춘 구직자가 지원하면 서류에서 합격하기 힘들다. **마케팅 + 전자 회사 + 모니터 + 5년의 모든 요건**, 즉 비슷한 전자 회사에서 모니터 마케팅 5년 이상의 경력을 갖춘 지원자라면 면접 가능성이 있다. 즉, 경력 세부 사항까지 일치해야 면접을 볼 가능성이 있다고 보면 된다.

세부 요건이 충족되어 면접을 보게 되면 대개 80%는 합격의 가능성이 있다고 보면 된다. 두바이에 있는 외국계 회사는 한국처럼 5배수 10배수 면접을 보는 것이 아니라 채용할 사람만 면접을 본다. 그래서 면접을 본다는 것은 최종 합격에 대한 가능성이 크다고 기대할 만하다. 참고로 링크드인 등을 이용하여 채용 담당자에게 메일 등을 보내는 경우가 많이 있는데 대부분은 담당자로부터 답변을 받지 못할 것이다. 답변이 없다는 것은 본인의 스펙이 좋지 않아서라기보다는 그 회사 채용공고 직무와 본인의 관련 경력이 안 맞아서 그런 거라고 보면 된다.

아울러 사무직뿐 아니라 모든 직종에 해당하는 사항이겠지만 면접 시에 자신감을 가지라고 말해 주고 싶다. 한국 청년이 해외취업 시 가장 부족하다고 느끼는 것 중의 하나가 영어 말하기일 것이다. 그래서 인지 면접 시에 자신감이 많이 부족한 모습을 볼 수 있다. 또한, 우리나라에선 자기주장을 강하게 나타내는 것보단 겸손하게 표현하고 면접 시 티 나는 행동을 삼가야 하는 것이 미덕일지는 모르나 해외에선 다소 과장이 있더라도 자신감을 갖고 자신 있게 표현하는 것이 중요하다. 블랙스톤 창시자인 슈워츠먼도 구직자가 면접을 위해 갖추어야 할 필수조건 중의 하나로 자신감을 꼽았던 것처럼 자신감은 면접의 당락을 가를 수 있는 중요한 사항이다. 월드잡에 있는 28인 28색 취업자 인터뷰에서도 알 수 있듯이 합격자들이 공통으로 강조하는 것이 바로 자신감을 가지라는 것이다. 그런 만큼 자신감을 기르고 자신 있게 말하는 연습을 평소에도 꾸준히 하는 것이 합격의 지름길이라 여긴다.

호텔

코로나 이전에는 관광업을 중심으로 싱가포르, 일본, 미국 등으로 취업이 활발하게 이루어졌지만, 현재는 코로나로 인해 가장 많은 타격을 받는 업종 중 하나가 됐다. 앞으로 어떻게 전개될지 예측하기 어렵겠지만, 코로나가 종식된 이후에는 가장 많은 수요가 있을 것으로 예측할 수 있는 업종인 만큼 준비를 잘해 놓는 게 필요하다. 아울러, 두바이에선 코로나로 연기된 두바이 엑스포가 2021년에 열릴 예정이다. 엑스포 진행으로 호텔, 전시, 디자인 수요가 증가할 것으로 보고 있다. 특히 Emaar Hotel 그룹이나 르 메르디안 호텔 등 엑스포 후원 5성급 호텔 직원은 엑스포 지원 Staff로 일을 할 수 있다고 하니 호텔 취업자에게는 추가로 좋은 경력도 될 수 있을 듯하다. 그럼 이제 호텔 해외취업은 어떻게 준비해야 할지 알아보자.

두바이 - **영어 의사소통 + 서비스 경력** + (이력서, 면접)
cf) 미국 - J1 비자 준비

호텔로 진출하기 위해선 본인이 원하는 국가를 먼저 선정하고 그것에 맞게 준비하는 게 중요하다. 두바이를 선택한 경우 두바이는 영어 성적표도 필요 없고 영어로 의사소통할 수 있고 서비스 경력만 있으면 된다. 서비스 경력도 정규직만이 아니라 맥도날드 아르바이트 등 단기 계약 경력도 인정해 준다. 단 5성급 호텔 프런트직의 경우는 대부분 관련 경력을 요구하기도 한다. 두바이 호텔 진출을 위해선 영어 말하기 위주로 준비를 하고 꾸준하게 서비스직 아르바이트 등을 하며 이력서 첨삭, 호텔 취업 관련 강의 등을 수강하면 좋다. 참고로 두바이 호텔로 취업을 하면 비자, 건강보험, 항공권 모두 제공해 주니 초기 비용이 들지 않는 것은 큰 장점이라 하겠다(물론 급여가 적은 것은 아주 큰 단점이다).

한편, 미국 인턴(J1) 비자로 호텔 진출을 위해선 1년 뒤 국내 복귀를 염두에 두고 준비하는 것이 좋다. 그리고 미국 호텔 진출을 위해 준비해야 할 것들이 두바이 호텔로 진출하는 경우보다 훨씬 많다. 먼저 J1 비자를 발급받아야 하는데 관련 학과가 아니면 비자 받기가 어려우므로 본인 학과를 고려해야 한다. 또한, 에이전시, 호텔담당자, 스폰서 기관과 대사관 면접이 각각 진행되는데 모든 인터뷰에 합격해야 한다. 아울러 두바이는 취업하기 위해서 비용이 거의 들지 않지만, 미국 인턴 비자로 갈 경우엔 비자 수수료 약 500만 원, 항공권 약 120만 원 등의 비용이 들어가니 이점도 고려하고 준비하는 것이 좋다. 그럼에도 미국에서 영어를 배울 수 있고 급여도 한국 호텔에서 받는 것과 비슷하게 받을 수 있는 것은 장점이라 하겠다.

미국 호텔 진출은 1년 동안만 근무하고 국내로 복귀를 해야 하는 단점이 있지만, 국내로 복귀하여 여행 관련 업종으로 이직을 할 수도 있고 미국이 아닌 다른 나라로 진출을 할 수도 있다. 2018년 서울해외취업센터에서 진행하는 승무원 스터디에 참여하다 미국 호텔로 진출한 **취업자 안선O 씨는** 미국 워싱턴 The Inn at little Washington에서 프론트 데스크로 근무하다 미국에서 코로나 상황이 심각해져서 국내로 복귀했다. 복귀 후 바로 이직을 준비하여 국내 여행 종합 플랫폼 회사에 합격했고 근무하면서도 계속 해외취업을 준비하였다. 최근 몰타 게임 회사로 이직에 성공했고 2020년 12월에 출국했다. 월드잡에서 취업자 안선○ 씨의 온라인 호텔 클래스를 보면 자세한 내용을 볼 수 있다. 아울러 월드잡에 있는 이력서 첨삭 강의, 호텔 취업자 인터뷰, 호텔 취업 강의 등 다양한 콘텐츠를 많이 활용해 보자.

두바이 · 미국 호텔 진출 비교

두바이(UAE)		미국
이력서 제출 – HR, 해당 직무 매니저 면접 – 합격 – 항공권 등 제공 정식 취업비자(Residence Visa)	진출 방법	에이전시 면접 – 영어 테스트 – 호텔 지원 – 호텔 담당자 면접 – 대사관 면접 – 합격 인턴비자(J1비자)
전공 상관없음, 서비스 단기 계약 경력도 인정 무기 계약(1, 2년 단위 갱신) 5성급 글로벌 체인 호텔	특징	관련 전공 필수 1년 근무(J1 비자) 3, 4, 5성급 다양
없음	초기 비용	에이전시 비용 200~300만 원 비자비용 400~500만 원 항공권 120~150만 원

※ 두바이는 급여는 적지만 호텔에서 주거, 식사, 항공권, 비자 모두 제공한다. 미국은 주별 최저임금 이상을 지급하지만, 주거, 식사, 항공권, 비자 등은 본인이 모두 부담하므로 초기 비용이 많이 든다.

두바이, 미국 등 어디로 가든 호텔 분야는 다른 직종보다 글로벌하게 움직인다. 앞서 언급한 두바이 호텔 취업자의 경우처럼 한 곳에만 근무하는 것이 아니라 세계 각지로 옮겨 다니면서 근무를 하게 된다. 올해는 두바이 내년엔 몰디브 내 후년엔 인도네시아 등 여러 국가를 돌아다니며 다양한 직무를 하다 보면 수퍼바이저, 매니저 등으로 승진을 하게 되고 머지않아 호텔 GM까지 바라보는 위치까지 올라갈 수 있을 듯하다.

간호사

코로나 시대에 간호사만큼 주목받고 있는 직종도 없는 듯하다. 사실 한국 간호사는 실력 또한 세계 최고 수준이라 생각을 한다. 코로나 시대 많은 직종에서 어려움을 겪고 있지만, 간호사 직종은 국내·외로 취업이 어렵지 않은 직종이기도 하다. 국내에서 간호사로 취업은 쉬운 편이지만 간호사 업무가 쉬운 게 아니어서 많은 간호사가 일하면서 해외취업을 생각하고 준비를 하는 것으로 알고 있다. 그러나 현직에 있으면 준비할 시간도 많이 없고 무엇보다 어떻게 준비해야 하는지 모르는 경우를 많이 봐 왔다. 그렇다면 간호사 해외취업 어떻게 준비하면 될까?

관련 경력 + 이력서 + 영어 + NCLEX + 면접

앞서 언급한 대로 두바이 간호사로 진출하기 위해선 무엇보다 해당 직무 경력을 3년 이상 쌓아야 한다. 해외취업을 염두에 두면 국내에서 취업한 후 가능한 직무 변경 없이 한 직무에서 3년 이상 근무를 하는 것이 필요하다. 또한, 두바이 외국계 병원으로 진출하기 위해선 국

내처럼 자기소개서 제출을 하는 경우는 거의 없다. 이력서는 간단하게 핵심 위주로 1~2장으로 작성해서 제출하면 된다.

영어에 부담을 느끼는 간호사가 많은 것은 사실이다. 특히나 IELTS 점수 6.5 이상을 받아야 하고 영어 면접을 본다는 사실에 미리 해외취업 생각을 접는 경우도 많이 봐왔다. 하지만 해외취업을 위해선 반드시 넘어야 할 산이고 IELTS도 시험인지라 요령도 있어서 과외 두세 달 받아서 6.5 이상 받는 경우도 많다고 한다. 또한, 면접 대비를 위해 전화 영어 등을 활용하여 말하기 위주로 연습을 하면 좋다. 요즘에는 스카이프 간호사 특화 영어 프로그램도 많이 있으니 이에 대해 알아보는 것도 좋을 것이다. 아울러 NCLEX는 필수 요건은 아니지만 합격해놓으면 나중에 중동 면허시험 프로메트릭도 수월하게 볼 수 있고 실제 병원 면접에서도 많은 도움이 된다고 하니 미리 공부해서 합격해놓자.

간호사 취업자 인터뷰, 간호사 해외 생활 Vlog, 두바이 및 영국에 진출한 간호사가 직접 강의한 Class도 월드잡에 준비를 해두었다. 이력서부터 영어 공부 방법, NCLEX 준비 방법 등 많은 것을 알아볼 수 있고 궁금한 사항은 취업자에게 직접 문의해 볼 수 있으니 많이 활용해보자.

많은 간호사가 두바이에 진출한 다음 경력을 쌓은 후 미국으로 가자 한다. 미국 간호사는 급여도 많은 편이고(물론 세금도 많지만) 무엇보다 NP(Nurse Practioner)라는 처방 등을 할 수 있는 전문 간호사가 될 수 있어 기회의 폭이 크다. 물론 영주권도 받을 수 있는 장점도 있다. 아래는 두바이와 미국 간호사로 진출 시 중요 사항을 간단하게 비교해 본 것이다.

두바이 · 미국 병원 진출 비교

두바이(외국계 병원)		미국
이력서 제출 - 영어테스트, HR 및 실무진 면접 - 면허전환(시험) - 합격 - 비자발급 - 항공권 제공 정식 취업비자(Residence Visa)	진출 방법	에이전시 이용하면 에이전시가 전적으로 진행
에이전시 이용 안 해도 가능 무기 계약(2년 단위 갱신)	특징	에이전시 이용 거의 필수 영주권 가능 + 전문 간호사 가능
없음	초기 비용	에이전시 비용 1,000~2,000만 원
연봉 5,000만~1억 원(세금 없음)	급여 (RN기준)	시간당 30불~50불 (연봉 환산 6,000~10,000만 원/ 세금 많음)

※ UAE 병원은 한국인이 채용되었던 병원 기준이며 미국 급여는 주별로 시간당 금액이 다르므로 대략 적인 범위를 산정 했음(김미연, 국제간호사 길라잡이/ 김은영, 우리는 미국 전문 간호사입니다). 참고로 한국 간호사의 초봉은 국내 대학병원 Top 5 기준으로 4,000만 원에서 4,800만 원이다(간호사 생활백서, 권지은).

승무원

현재 코로나로 가장 많은 타격을 받는 직종이라 취업하기는 매우 어려운 상황이고 언제 비행이 제대로 재개될지는 불투명한 상태이다. 에미레이트 항공 사장 팀 클락(Tim Clark)에 의하면 항공 수요(Business Travel)는 2022년에야 정상화될 거라 말하고 있긴 하다. (CNN, 2020. 12. 11.) 코로나를 극복하면 가장 활발하게 채용이 진행될 수 있는 직종인 만큼 미리 차분하게 준비해 나가는 게 좋겠다. 참고로 앞서 언급했듯이 현재 에미레이트 항공 한국 승무원은 400명대라고 한다. 평소 800명대인 것을 고려할 때 코로나 이후에는 그만큼의 채용 수요가 있으리라 생각된다.

그러면 어떻게 준비하면 좋을까?

CV Drop - Group Discussion - Final

항공사마다 채용 방법 등은 다소 다르지만, 중동 항공사의 경우는 대부분 이력서, 디스커션, 면접이 가장 중요한 요소라는 것은 대부분 알고 있을 것이다. 이력서는 해외취업센터에서 매월 강의도 하고 있고 월드잡에서 이력서 첨삭도 받아 볼 수 있다. 토론 및 면접은 영어로 스터디 등을 만들어 꾸준히 하는 것이 좋다. 월드잡 28인 28색 취업자 인터뷰 내용을 보면 승무원 합격자들 대부분이 스터디를 잘 활용해서 좋은 결과를 얻었다고 한다. 스터디를 잘 활용하는 것이 합격의 지름길이다. 서울해외취업센터에서는 전·현직 승무원을 매니저로 위촉하여 스터디를 정기적으로 운영하고 있으니 월드잡 공지 사항을 잘 확인해 보자. 또한, 월드잡에는 승무원 관련 영상이 많이 업로드 되어 있다. 현지 승무원의 일상을 담은 V-Log, 각기 다른 항공사 승무원의 취업자 인터뷰, 집에서도 편하게 준비할 수 있도록 현직 승무원이 직접 강의한 직무 강좌가 초·중·고급으로 단계별로 제작되어 있다. 무엇보다 시청하다가 궁금한 사항은 메일, 인스타 등으로 문의할 수도 있으니 적극적으로 활용해 보자.

아울러, 지금 같은 코로나 시대에는 전적으로 승무원 준비만 하기엔 기회비용이 클 수 있으므로 영어학원 강사나 서비스 직종 등에서 본인

직종별로 취업자가 제작한 온라인 영상 프로그램을 월드잡에서 언제든 볼 수 있으며 해외취업센터에서는 정기적으로 취업자(멘토)가 주관하는 직종별 Class를 운영하고 있다(모두 무료다).

에게 맞는 일을 하면서 경력도 쌓아 나가는 방법도 좋다. 월드잡 승무원 취업자 인터뷰 영상을 보면 알겠지만, 합격자 대부분은 서비스직이나 영어 강사 경력이 많았다. 서비스직 아르바이트 등을 하고 꾸준히 스터디 등에 참여해서 준비해 나가면 좋은 결과를 얻을 것이다.

디자인

두바이는 디자인 직종 채용이 다른 곳보다 활발하고 채용 조건도 좋은 편임에도 중동이라는 이미지 때문에 채용공고가 있어도 지원자가 많이 없는 편이다. 디자인 중 전시 전문 및 UI/ UX 관련 디자인 수요는 많지만, 의류 디자인 등 모든 디자인 직종 채용이 많은 것은 아니다. 앞서 언급한 것처럼 2021년에 두바이 엑스포가 예정되어 있어 전시, UI/UX 디자인 수요가 증가할 것으로 보인다. 이에 따라 관련 경력자라면 두바이를 우선순위로 고려해 보는 것도 좋을 듯하다. 그럼 어떻게 준비해야 하나?

관련 경력 + 이력서 + **포트폴리오** + 면접

디자인 직종으로 진출하기 위해선 다른 직종과 마찬가지로 관련 디자인 경력이 제일 중요하다. 잠시 채용공고부터 한번 살펴보지.

UI/UX Manager - 관련 경력 5년 이상 (두바이 정부 채용공고/월드잡 2019년)
관련 업무 - Adobe Photoshop, HTML 5, JavaScript & JQuery, Bootstrap,
Responsive Web Design, Web Font usage and integration with front end
applications, Illustrator

두바이 정부에서 필요한 UI/UX 매니저 채용공고 중 일부이다. 관련
업무에 나온 내용을 능숙하게 다룰 줄 아는 경력 5년 이상이면 지원 자
격이 된다. 이에 따라 워드 파일로 작성된 영문 이력서 2매 이내와 포
트폴리오를 제출하면 된다. 디자인직의 경우는 다른 직종과 달리 포
트폴리오가 중요한데, 채용 회사 담당자의 말에 의하면 지원한 회사에
맞는 포트폴리오를 만드는 게 중요하다. 아울러 지원자 본인의 작업물
내용도 일관성이 있어야 하고 그 작업을 하면서 어떻게 문제에 대처
하고 해결했는지 본인의 스토리가 있는 내용이면 더 좋다고 한다. 잡
공고에 나온 직무와 본인의 경력이 일치할 경우 이력서와 포트폴리오
를 바탕으로 잘 구성해서 지원하면 면접을 볼 가능성이 크다. 앞서 언
급한 것처럼 두바이 외국계 회사에선 다수의 지원자를 면접 보는 것이
아니라 꼭 채용할 사람만 면접을 본다는 사실을 기억하자. 면접 대상
자가 되면 이력서와 포트폴리오를 바탕으로 본인의 업무 스토리를 직
무 내용에 맞추어 영어로 자신 있게 말해 나가면 된다.

무경력자라도 두바이 디자인 회사로 진출할 수 있다. 물론 두바이
외국계 회사에 바로 지원하기는 어렵겠지만 두바이 내 한국계 회사로

는 가능하다. 이런 경우 이력서에 본인이 가고자 하는 이유 등을 명확하게 적시하고 어학 능력 등 남들과 다른 차별성을 내세워야 한다. 무경력자는 이력서 작성과 영어 실력 배양에 더 많은 준비를 해야 한다. 월드잡에 디자인 직종 취업자 인터뷰 및 취업자 클래스가 준비되어 있으니 시청하면 많은 도움이 되리라 여긴다.

IT/ 엔지니어

IT 관련 직종은 전 세계 어디를 가도 환영받는 직종이다. 미국, 일본뿐 아니라 독일, 스웨덴 등 북유럽, 중남미까지도 IT 직종 수요는 많다. 그런데도 이 책에서 IT 직종을 소개하지 않은 이유는 두바이에 IT 직종으로 취업한 사람이 거의 없어서다. 내가 두바이에 있었던 기간이랑 그 이후 지금까지도 두바이에 IT 직종으로 진출한 취업자는 거의 없었다. 두바이 IT 직종으로 많이 진출하지 않은 이유 중의 하나는 신입 급여 수준이 한국보다 낮아서다. 또한, 두바이에는 자유롭게 영어를 구사하며 IT 기술을 갖춘 인도 출신 취업자가 워낙 많다 보니 이들과 비교할 때 경쟁력이 다소 떨어지는 것도 사실이다. 그러나 Data Scientist 같은 직종은 월 급여가 1,000만 원 이상에 대우도 좋은 만큼 영어에 자신이 있고 관련 경력 소지자라면 두바이 IT 진출도 고려해 볼 만하다. 그러면 인문계 출신의 무경력자가 진출하는 방법은 없을까?

관련 교육 이수 + (이력서, 면접)

IT 및 인공지능(AI) 분야는 아무래도 이공계 출신이 해외로 진출하기 수월하지만, 인문계 출신도 충분히 가능성은 있다고 본다. 나도 최근에 온라인으로 AI 수업을 들었는데 인문계 출신이 머신 러닝 등을 배우기에는 녹록지 않은 게 사실이긴 하다. 그러나 반대로 인문계 출신이라도 인공지능(AI)과정 등 국가에서 지원하는 프로그램을 잘 선택해서 배우고 준비하면 본인의 전공과 시너지 효과를 내서 해외취업을 하기에는 오히려 유리할 수도 있다. 서울해외취업센터에서는 멀티캠퍼스(SAFI)*와 협업을 해서 IT 인력 등이 해외로도 수월하게 진출할수 있도록 설명회 등을 통해 지원하고 있다.

관련 경력 + 정보 + (이력서, 면접)

엔지니어의 경우는 직무도 워낙 다양하지만 2017년 이후 유가 하락으로 플랜트 직종에서 채용이 급감하여 취업자가 많이 나오질 않았다. 오일&가스 분야에선 2014년에 아부다비 석유대학원(PI)에 처음으로 한국인 학생 2명이 진학한 이후 큰 기대를 했지만 앞서 언급한 대로 아

---

* 멀티캠퍼스 : IT 인력 분야 활성화를 위해 전일제로 무료로 수업을 진행하고 소정의
  활동비를 지원하는 프로그램.

부다비 석유공사(ADNOC)에 취업하진 못했다. 그럼에도 한국이 UAE 원전을 수주한 이후 원전 관련 교육 및 유지 보수 관리를 계속하게 되어서 원전 관련 엔지니어 채용은 계속 진행되는 상황이다. 엔지니어 경력직의 경우는 무엇보다 채용 정보가 중요하다. 서류에서 관련 경력 일치가 제일 중요한 만큼 채용공고에 나온 직무설명서 등을 꼼꼼하게 체크 하는 게 필요하다. 참고로 UAE 정부에서 운영하는 채용 포털사이트(https://u.ae/en/resources/government-jobs) 혹은 두바이커리어(https://dubaicareers.ae/en)에 들어가서 관련 엔지니어 채용 정보를 잘 찾아보자. 어떤 회사가 좋은지 잘 모르면 앞에서 언급한 두바이 기업 등을 참고해 보면 도움이 될 것이다.

이력서는 필수

구직자는 시간도 돈도 많이 부족하다. 최소한의 비용으로 준비하여 빠르게 취업할 수 있는 추월차선으로 가야 한다. 직종별로 어떻게 준비하는지를 다시 한번 잘 파악해 보자. 그리고 직종마다 준비하는 방법이 다르긴 하지만 무엇보다 이력서만큼은 일찍부터 준비를 해서 월드잡에 올려놓자. 월드잡 담당자 혹은 기업에서 이력서를 보고 채용 의사를 물어볼 수도 있다. 2020년 11월에 두바이 대기업에서 월드잡에 채용공고를 올렸는데 담당자가 회계나 경영 관련 전공자를 찾아 달라고 특별히 요청했다. 나는 바로 월드잡에 업로드된 구직자의 이력서를 찾아보고 적합 구직자에게 연락하여 이력서를 기업에 보내고 구직자는 바로 면접을 볼 수 있었다. 결과는 합격이었고 합격 후 2주 내로 출국을 했다. 취업자 정동○ 씨는 단지 이력서 하나만 월드잡에 올렸을 뿐인데 취업의 기회를 잡은 것이다. 코로나 시대에 해외 일자리가 줄어든 만큼 해외취업에 관한 관심도 적어졌다. 이럴 때 있을수록 기본적인 것부터 하나씩 준비를 잘해 놓자. 머지않아 코로나가 종료되면 준비를 잘한 구직자가 먼저 웃을 날이 올 것이라 여긴다.

마지막으로 해외취업을 준비하는 데 있어 중요한 것은 마음가짐이라고 생각을 한다. 나는 이제 더 이상 안 돼, 내 스펙으로 취업이 가능하겠어? 이런 부정적인 생각을 하고 있으면 취업하기가 더 어려워진다. 항상 자신감 있고 긍정적인 자세로 준비해 보자. 취업 사례로 들었던 50여 명의 취업자는 대부분 긍정적인 마인드를 갖고 취업 및 이직을 준비했다. 긍정적인 마인드와 자신감을 갖고 직종별 준비 방법에 따라 취업 준비를 한다면 머지않아 취업의 추월차선을 타리라 여긴다.

3. 코로나 시대에 어떻게 대비할까?

두바이 채용 기상도

코로나로 우리나라뿐 아니라 전 세계 일자리가 많이 줄었다. 그렇지만 두바이는 2021년에 연기된 엑스포 진행을 위해서 많은 준비를 하고 있어 일자리는 점차 회복하는 중이다. 앞서 언급했듯이 호텔 취업자는 엑스포 지원 Staff를 할 수도 있다. 호텔 취업자에게 좋은 경력개발의 기회가 될 듯하다. 디자인 직종 역시 엑스포 수요로 채용이 곧 재개되리라 본다. 디자인 회사 사무직 수요는 계속 진행 중이다. 왕립병원과 힘찬병원은 코로나에 상관없이 계속 채용을 이어 나가고 있고 클리블랜드 병원은 현재 병상을 새로 짓고 있어서 2021년 말쯤에는 신규 간호사를 채용할 예정이라고 한다. 두바이에 있는 몇몇 한국 기업들은 코로나 속에도 크게 성장해 채용을 계속하고 있다. 그에 반해 건설·플랜트 분야는 채용 활성화가 되기엔 좀 더 시간이 걸릴 듯하다. 항공사는 에미레이트 항공 사장 팀 클락의 말대로 여행(비즈니스 트래블)은 2022년이 되어야 정상화가 될 거라 하니 역시 채용하는데, 적잖은 시간이 걸리겠다. 하지만 정상화되기 전에 승무원을 미리 채용하니 코로나 상황을 계속 주시해 보자.

어떻게 대비할까?

그럼 이제 코로나 시대에 어떻게 대비할까?

GAFA로 일컫는 구글, 아마존, 페이스북, 애플 4개 회사는 구직자라면 누구나 한 번쯤 입사해 보고 싶은 회사라 인기가 많다. 특히 구글에 입사하는 방법이나 구글이 어떻게 일하는지에 대한 방식에 관해선 여러 책으로도 많이 나와 있다. 그중에서 《구글은 어떻게 일하는가?》(에릭 슈미트 지음)를 보면 구글에 입사하기 위해 준비해야 할 몇 가지 방법이 나와 있다. 그중 하나는 해외로 많이 나가란 조언을 한다. 기회가 생길 때마다 현재 거주하는 지역에서 벗어나 어디든 다른 곳으로 가서 살아 보라고 한다. 해외로 나가 근무하기 어렵다면 여행을 많이 하면서 세상을 바라보라고 한다. 영국 시인 키플링이 말한 것처럼 해외에 나가서 관점을 넓히라는 것과 일맥상통한다고 볼 수 있다. 물론 지금 같은 코로나 시대에선 해외로 진출하거나 여행하는 데 제약이 많은 게 사실이다.

그다음으로 조언한 것이 많이 읽으라는 것이다. 책이든 웹상의 문서로 된 정보든 가릴 것 없이 많이 읽으라고 한다. 어떤 분야에서 앞서나가는 가장 좋은 방법은 그 분야에 대해 많이 아는 것이고 그러기 위해선 읽는 것만큼 좋은 것은 없다고 알려 준다. 워런 버핏 또한 사람의 인생을 가장 짧은 시간에 위대하게 만들어 줄 방법은 독서 외에는 없을 것이라 말하기도 했다.

이렇게 책 읽기는 코로나 시대에 가장 현실적으로 취업에 대비할 방법이 아닐까 생각한다. 그런데 대부분은 책 읽기가 귀찮다고 생각한다. 또 큰마음 먹고 시간을 내서 읽어 보려 해도 어떤 책을 읽어야 좋을지 몰라 망설이다가 이내 포기하곤 한다. 책은 추천해서 읽는 건 아니라는 말도 있지만 그래도 내가 최근 2년 반 동안 읽은 책 중 몇 권을 소개해 볼까 한다. 자격증 공부나 취업 준비 등을 하면서 별도의 시간을 할애하여 책을 읽는 게 물론 쉽지 않을 것이다. 그러나 요즘 같은 코로나로 비대면(언택트)이 일반화되어 가고 있는 상황에선 오히려 책을 접할 기회가 더 많아진 듯하다. 시험공부 할 때 잠깐 보는 TV 프로그램이 더 재미있는 것처럼 취업 준비하면서 가벼운 마음으로 아래 소개한 책을 읽어 본다면 많은 도움이 되리라 여긴다. 물론 더 나아가 책 읽는 것을 습관화한다면 취업의 추월차선을 타고 나아가는 데 있어 안전 벨트 역할을 해 줄 것이다.

《화폐전쟁 1~5권 및 관점》

쑹훙빙이 지은 《화폐전쟁》 시리즈 및 후속작 《관점》은 금융 및 세계를 보는 시야를 넓히는 데 적격이라고 여긴다. 최근 금융 관련 책들이 많은 인기를 얻고 있는데, 더욱 심도 있는 금융 관련 지식 및 세계정세 등을 알 수 있게 해 준다.

《블랙스완》

나심 탈레브가 지은 불확신한 세싱에서 살아가는 방법을 알려 주는 명작으로 블랙스완이라는 용어 자체가 경제계를 넘어 사회 전반적으로 확대 사용되는 데 지대한 영향을 끼쳤다. 코로나 사태로 블랙스완이 더 조명을 받고 있지만 정작 저자는 코로나 사태는 블랙스완이 아니라고 한다. 우리가 가진 일부 상식을 깨뜨려 바로 알게 해 주는 주옥같은 내용이 담긴 책이다.

《그릿》

앤젤라 더크워스가 개념화한 단어로 성공을 끌어내는 투지를 말한다. GRIT이란 Growth(성장), Resilience(회복), Intrinsic Motivation(동기), Tenacity(끈기)의 약어다. 성취 = 재능 × 노력이라는 그릿 점수까지 나왔다. 재능이 부족하더라도 노력으로도 성취는 충분히 가능하다는 희망적인 얘기여서 읽으면서 나름대로 위안이 되어 주었던 책이다.

《이카루스 이야기》

〈보랏빛 소가 온다〉로 유명한 세스 고딘이 지은 책으로 안락지대에서 나와 아티스트가 되어 변화를 이끌고 새롭게 도전하고 실천하라는 내용이다. 연결 사회로 이루어진 지금의 사회는 자신의 존재를 알리기 가장 좋은 시대이기도 하다. 자신에게 감춰진 능력을 발휘하여 취업의 추월차선을 타고 한계를 뛰어넘는 능력을 보여 주자는 나의 책 내용도 이에 부합하는 듯하다. 나 또한 하루에 한 줄이라도 쓰라는 고딘의 조언대로 조금씩 쓰기 시작하여 이 책도 집필하게 되었다.

《지금 하지 않으면 언제 하겠는가?》

팀 페리스의 베스트셀러로 살아가는 데 필요한 조언들이 많이 있다. 늘 책을 읽자는 생각만을 하다 책 제목처럼 지금 하지 않으면 언제 하겠는가? 에 끌려 두바이에서 돌아온 2018년 7월부터 하루에 한 권씩 책을 읽자는 목표를 세우고 진행을 하고 있다. 결과는? 목표 달성을 100% 하지는 못했지만, 2020년 12월 현재까지 650권 정도를 읽고 있다. 2018년 7월, 그때 시작하지 않았다면 지금의 결과도 없었을 것이다.

《아웃라이어》

말콤 글래드웰의 역작. 아웃라이어란 성공한 기회를 발견해 자신의 것으로 만든 사람을 의미하며 만 시간의 법칙처럼 노력은 기본이고 기회도 잘 포착해야 한다는 내용. 나도 만 시간의 법칙이 제대로 작동하는지 오늘도 책을 읽으며 실험하는 중이다.

《구글은 어떻게 일하는가? 구글의 아침은 자유가 시작된다》

각각 구글 CEO인 에릭 슈미트와 인사 담당 수석부사장 라즐라 복이 지은 구글의 일하는 방법과 인재 채용 비밀에 대해 알려 주는 내용. 앞서 언급했듯이 구글에 입사하기 위해선 여행과 읽기를 통해 실력을 쌓으라는 내용이 와닿는다.

《넛지》

리처드 탈러는 행동 경제학자로 넛지로 노벨경제학상을 받았다. 넛지란 좀 더 좋은 선택을 할 수 있도록 가볍게 유도하는 방법을 말한다. 학생들의 건강을 위해 음식을 새로이 배열한다면 넛지를 행하는 것이라 볼 수 있다. 나의 이 책도 국내 취업 및 미국, 일본 등의 해외취업만 있는 것이 아니라 두바이 등 새로운 기회의 장이 될 수 있는 취업처를 안내해 주는 넛지라 볼 수 있을 것이다

《사피엔스》

전쟁사 전공의 유발 하라리 교수의 베스트셀러. 역사는 인지혁명, 농업혁명, 과학혁명을 통해 발전해 왔는데 과연 원시시대 선조보다 우리는 행복한가? 누가 더 행복할까? 유발 하라리는 우리가 선조보다 행복하지 않다고 하는데, 소수의 계층은 훨씬 행복하지 않을까? 라는 생

각도 든다. 후속작 《호모데우스, 21세기를 위한 21가지 제언》도 같이 읽어 보면 우리가 어디로 가고 있는가에 대한 방향 설정을 파악할 수 있을 듯하다.

《부의 추월차선, 언스크립티드》

엠제이 드마코의 베스트셀러로 젊어서 부자가 되는 방법을 공개하며 추월차선이라는 말을 일반화시켰다. 창업해서 성공해야 드마코 같은 추월차선을 탈 수 있지만 왜 추월차선을 타야 하는지에 대한 내용은 공감이 간다. 드마코처럼 부의 추월차선을 타기는 쉽지 않겠지만 나의 이 책은 취업의 추월차선으로 이르게 하는 더욱 쉬운 방법이 되지 않을까 생각해 본다.

위에 추천 책도 많으니 이 중에서 한두 권으로 추려 달라고 한다면 《블랙스완》과 《부의 추월차선》을 조심히 추천해 본다. 이 두 권의 책을 읽고 잘 실행해 나간다면 분명 소기의 목적을 달성할 수 있을 것이다. 더불어 이 책 취업의 추월차선도 읽고 준비를 잘해 나가면 반드시 취업의 추월차선을 타리라 여긴다.

FAQ

1. 해외취업 시에는 반드시 취업비자를 발급받고 나가야 한다는 데 사실인가요?

답) 관광비자를 받고 현지에서 일하는 것은 대부분 불법이다. 그러나 두바이는 비자 없이 입국할 수 있고 현지에서 체류하다 회사에 지원해 면접을 보고 합격하는 경우가 많다. 이런 경우 회사에서 비자 처리 등을 직접 해 주니 걱정할 필요는 없다. 두바이에 취업하면 비자비용, 건강보험 등을 회사에서 전부 제공해 준다.

2. 많은 연봉을 제시받았는데 비자 비용을 먼저 지급하면 빨리 진행이 된다고 합니다. 맞나요?

답) 지원하는 회사에서 신입인데도 불구하고 능력 이상으로 급여를 제시하면 일단 의심을 하고 비자 비용을 내라고 하면 거의 100% 사기라고 보면 된다. 두바이는 회사에서 비자 비용을 지급한다. 아울러 계약서(오퍼레터)에 회사 전화번호가 아닌 핸드폰 전화번호만 적혀 있다면 이 또한 의심해 볼 수 있다. 두바이에선 핸드폰 개통은 누구나 할 수 있지만, 회사 전화를 개통하기는 까다롭다. 참고로 두바이 회사 전화번호 앞자리는 04이고 아부다비는 02다.

핸드폰 번호 앞자리는 050, 055 등 세 자리 숫자이다.

3. 이직이 자유로운가요?

답) 두바이는 어느 직종이든 이직이 자유롭다. 연봉협상을 하면서도 다른 회사로부터 좋은 조건의 오퍼가 들어오면 바로 이직을 하는 경우도 있다. 무엇보다 이직에 거부감이 없고 이직하는 것 자체가 능력자로 인정하는 분위기다.

4. 아랍어를 할 줄 알아야 하나요?

답) 두바이에서는 영어를 사용하고 아랍어는 일상생활에서 거의 사용을 하지 않는다. 아랍어를 한다면 우대는 받을 수 있고 아랍 친구들 사귀기에는 좋다.

5. 물가가 비싼가요?

답) 주거 임차료는 비싸다. 그러나 코로나로 지금은 많이 저렴해졌다. 일부 지역이긴 하지만 원룸 기준으로 월세 약 60만 원까지 낮아졌다. 2017년에만 해도 월세 100만 원 정도였다. 식당에서 된장찌개 등 한식은 20,000원이 넘는다. 그러나 마트에서 사는 식재료 값은 저렴하다. 물 2ℓ에 600원, 콜라 1캔에 600원 정도 한다. 차량이나 기름값은 물론 저렴하다.

6. 술을 마시기 어렵나요?

답) 술은 호텔 등 지정된 장소에서만 제공이 된다. 그리고 술값이 비싸다. 소주는 식당에서 1병에 25,000원 정도, 맥주는 10,000원 정도 한다. 다만, 주류판매소에서는 맥주 등을 저렴하게 살 수 있다. 또한, 호텔에서 LADY Night 행사를 정기적으로 해서 여성 손님에겐 무료인 경우가 많다.

7. 얼마나 덥나요?

답) 두바이는 한여름인 7월~8월에는 낮 최고 45도까지 올라갈 정도로 덥다. 여름 전후 2달이 그다음으로 덥고 11월~3월까지는 한국의 가을 날씨처럼 온화한 편이다. 겨울인 12월~2월은 아침 최저 14도까지 내려가기도 한다. 다만 여름엔 더워도 실내에선 1년 내내 에어컨을 가동해 다소 춥기까지도 하다.

8. 영주권이 있나요?

답) 두바이는 외국인에게 거의 영주권을 주지 않는다. 다만 취업을 하면 대부분 무기계약(Unlimited Contract)이고 비자를 갱신하는 시스템이다(비자 갱신비용도 기업에서 부담 한다). 취업한 다수의 한국 청년들이 결혼해서 정착해 살고 있다. 최근에는 경제 활성화를 위해 일정 조건 충족 시 귀화가 가능할 수 있다. (Bloomberg 2021. 1. 30.)

9. 세금이 정말 없나요?

답) 2018년 1월 1일부터 부가가치세 5% 가 도입되어 시행되고 있지만, 소득세 등은 아직 부과되지 않고 있다. 건강보험도 회사에서 부담하므로 세금 없이 급여 그대로 거의 받게 된다.

10. 근무 형태나 휴가는 어떤가요?

답) 두바이는 금, 토가 휴일이고 일요일~목요일이 근무일이다. 주 5일 근무지만 주 4일 근무하는 회사도 있다. 근무 시간은 보통 8시~17시까지이나 7시~15시까지 하는 곳도 있다. 하루 8시간 근무 기준이다. 휴가는 캘린더 기준으로 보통 30일이고 근무일 기준으로 22일이다. 간호사의 경우는 40일 + 알파인 경우도 많다. 휴가는 전부다 사용한다.

Epilogue

코로나 상황에서 2020년 12월 6일 두바이로 일자리를 알아본다며 출국한 구직자가 12월 19일에 르 메르디안(Le Meridien)과 EMAAR Address Skyview 호텔에 합격했다고 연락이 왔다. 구직자는 2020년 2월에 호텔관련학과를 졸업하고 서울해외취업센터에 상담을 하러 왔다가 코로나로 일자리가 줄어들자 센터에서 주관하는 스터디 등에 참여하고 준비를 하고 있었다. 그러다가 직접 현지에 가서 일자리를 알아보는 것이 낫다고 판단을 하고 두바이로 출국했다. 물론 출국 전 면접을 볼 수 있는 두바이 5성급 호텔에 연락하는 등 사전 준비를 철저히 했다. 그렇게 두바이로 출국한 지 2주 만에 합격 소식을 전해 온 것이다.

우리 청년들만큼 똑똑하고 일 잘하는 이들을 본 적이 없다고 말하는 모 기업 회장의 표현처럼 한국 청년만큼 똑똑하고 열심히 일하는 이들을 나 또한 본적이 없다. 객관적인 지표를 봐도 한국인의 지능지수(IQ)는 세계 2위, (리차드 린 논문) 근로시간 역시 OECD 3위다. (한국은행 해외경제동향 보고, 2019. 6. 15.) 에미레이트 항공 기내에서 끊임없이 일하는 승무원은 한국 승무원이고 호텔 F&B 업장에서 마지막까지 정리하는 직원 역시 한국 청년이다. 한국 청년을 채용하지 않은 외국 기업은 있어도 한 번만 채용한 기업은 거의 없다고 본다. 일단 한국 청년을 채용하면 다시금 계속 채용을 하는 글로벌 기업은 너무나도 많다. 에미레이트 항공, Marriott 및 Emaar Hotel Group 등 두바이 유수의 5성급 호텔, Pico, CCAD, ENEC, Nawah 등 UAE에만 수십 개 기업이 있다.

두바이에서 한인 기업 대표들을 만나면 한국인이 영어만 잘했으면 벌써 세계 시장을 선도하고도 남았을 텐데 하는 아쉬운 소리를 많이 듣곤 했다. 그런데 지금 한국의 청년들은 영어 수준은 기성세대와 비할 수 없을 정도로 잘하고 각종 컴퓨터 관련 지식, SNS 연계 소통도 뛰어나다. 더구나 지금 한국의 MZ 세대(밀레니얼 + Z 세대)는 단군 이래 최대의 스펙을 보유하고 있는 세대라고도 한다. 그런데도 한국에서의 취업은 녹록지가 않다. 이제 국내에서 치열하게 경쟁하는 것보다 새로운 취업 시장으로 눈을 돌려 취업의 추월차선을 타면 어떨까? 이 책에 소개한 50여 명의 취업자가 엄청난 성공을 거둔 것은 아닐지도 모른다. 그러나 대부분 평범한 스펙을 갖춘 구직자에서 지금은 어엿한 3~4년 이상의 경력자로 자신들만의 커리어를 착실하게 쌓아가고 있다. "이번에 승진했어요", "연봉이 1억 넘었어요", "취업 3년 되었는데 이제 건물주가 되었습니다."라는 소식을 접할 때마다 괜히 나도 모르게 뿌듯함을 느낀다.

보고서에 없는 것은 현장에 있다는 생각을 하며 중동 취업은 어렵다는 인식을 깨기 위해 3년간 두바이 현지에서 활동하며 얻은 생생한 자료를 바탕으로 현실감 있게 이야기를 풀어나가려 했다. 이 책을 통해 대한민국 청년들이 취업의 추월차선을 타고 전 세계 무대로 진출하는 데 조금이라도 도움이 되길 바란다. 아울러 이 책은 두바이에서 근무하고 있거나 두바이를 통해 미국, 영국 등 전 세계에 진출한 취업자와의 끊임없는 소통으로 이루어진 책이다. 간호사, 호텔 등 채용 동향 및 최신의 정보를 업데이트해 주고 조언해 준 취업자들에게 다시 한번 고맙다는 말을 전하고 싶다. 이 책의 주인공인 50여 명의 취업자와 지면 관계상 소개되지 않은 취업자 모두 코로나 속에서 건강하게 지내기를 진심으로 기원한다. 마지막으로 두바이 있을 때나 언제 어디서든 기도와 사랑으로 응원해 주시는 부모님께 감사를 드린다.

참고 문헌 및 사이트

두바이관광청 visitdubai.com.

UAE 진출 한국 청년의 밤 행사 연합뉴스 2015. 11. 7.

중동 지도 위키미디어, N.G.IA, US Gov. Public domain.

사우디아라비아 카타르 직항노선 재개 Bloomberg 2021. 1. 11.

중동 아프리카(MENA) 경제 2.1% Arab News 2021. 1. 5.

두바이 경제 3% 전망 Khaleej Times 2012. 1. 3.

무바달라 투자사 mubadala.com.

UAE 이스라엘 협정 워싱턴/AP 2020. 9. 15.

에미레이트 프리존 emiratesfreezone.com.

아랍에미리트(UAE) 개황 2018.

아랍에미리트 경제, 인구 국제통화기금(IMF) imf.org.

아랍에미리트 환경 세계은행 worldbank.org.

담수화 프로젝트 아시아 경제 2009. 5. 12.

Gulf News National Day 2017. 12.

Gulf News 2020. 10. 28.

Time out Dubai 2017. 9.

Asteco dubai Real Estate Report(2분기/2020년).

코로나에서 차츰 회복 The National 2021. 1. 10.

임차 물건 두비즐 www.dubizzle.com.

Real Estate Regulatory Agency.

Hays Salary Report/Dubai 2019/2020.

글로벌 리쿠르팅 헤이즈 Hays.com.

글로벌 리쿠르팅 로버트월터 Robertwalter.com.

글로벌 리쿠르팅 마이클페이지 Michaelpage.com.

에미레이트 항공사 Emirates.com.

플라이 두바이 flydubai.com.

에티하드 etihad.com.

에어 아라비아 airarabia.com.

PI Adnoc 입사 혜택 연합뉴스 2015. 11. 6.

DHA 두바이 보건청 dha.gov.ae.

HAAD 아부다비 보건청 haad.gov.ae.

MoH UAE 보건부 moh.gov.ae.

중동 보건 시험 prometric.com.

월드잡 플러스 worldjob.or.kr.

해외취업가이드.

Kotra 홈페이지.

외교부 영사 0404.go.kr.

외교부 mofa.go.kr

주 아랍에미리트 대사관, 총영사관 홈페이지.

아랍에미리트 한인회 게시판 uae.korean.net.

주메이라 Jumeirah.com.

호텔 직급 W hotel, Emaar hospitality 홈페이지.

호텔 분류 Accor, Marriott, IHG 홈페이지.

HVS 호텔 컨설팅 hvs.com.

UAE Business Council.

세계 여행 수요 World Travel wttc.org.

Time out Dubai 두바이 생활, 부동산 timeoutdubai.com.

호텔 리포트 STR Global str.com.

2022년에 항공 수요 재개 팀 클락 CNN 2020. 12. 11.

쉐프 직급 르꼬르동블루, Marriott.

외국항공사는 왜 나를 뽑았을까?, 강윤선.

두바이 간호사가 되기로 결심 하다, 차미나.

국제간호사 길라잡이, 김미연.

우리는 미국 전문 간호사입니다, 김은영.

간호사 생활백서, 권지은.

두바이사태 이후 해외건설 시장 전망 건설경제 2009년 겨울호.

투자의 모험, 슈워츠먼.

영국의 깃발, 키플링.

MENA 경제 전망 World bank Arab News 2021. 1. 5.

2021년 두바이 경제 전망 Khaleej Times 2021. 1. 3.

아랍에미리트 정부 포털 u.ae/en.

두바이정부 채용 https://u.ae/en/resources/government-jobs.

두바이커리어 https://dubaicareers.ae/en.

UAE 노동관계법 법제처 moleg.go.kr.

세계법제정보센터 neworld.moleg.go.kr.

경제외교활용포털 president.globalwindow.org.

한국아랍소사이어티 korea-arab.org.

화폐전쟁 1~5, 관점, 쑹훙빙.

블랙스완, 나심 탈레브.

그릿, 앤젤라 더크워스.

이카루스 이야기, 보랏빛 소가 온다, 세스 고딘.

지금 하지 않으면 언제 하겠는가?, 팀 페리스.

아웃라이어, 말콤 글래드웰.

구글은 어떻게 일하는가?, 에릭 슈미트.

구글의 아침은 자유가 시작된다, 라즐로 복.

넛지, 리차드 탈러.

사피엔스, 호모데우스, 21세기를 위한 21가지 제언, 유발 하라리.

부의 추월차선, 언스크립티드, 엠제이 드마코.

지능지수, 리차드 린 논문.

근로시간 한국은행 해외경제동향 보고 2019. 6. 15.